Früher gehörten Frauen an den Herd, hatten Kinder aufzuziehen und ansonsten den Mund zu halten. Und heute? Schreibt Deutschlands blondeste Nachrichtenfrau ein Buch, in dem sie den Frauen die Schuld am Aussterben der Deutschen und am Scheitern von Partnerschaften zuweist.

Das kann und will eine Désirée Nick natürlich nicht hinnehmen. Genüsslich zerpflückt sie Stück für Stück das »Eva-Prinzip« und die Rückkehr der alten Zöpfe: »Man sammelt ein paar passende Biographien, hauptsächlich natürlich plakative Extremfälle, erhebt sie zur Norm, reichert dies mit zweifelhaften, überholten Statistiken an, fügt eine Prise selektive Wahrnehmung und Selbstmitleid hinzu, dreht das Ganze durch den Wolf, blendet alles aus, was man nicht sehen will, bemüht ein paar Zitate, die einst in anderem Zusammenhang geäußert wurden, schustert noch ein paar schlichte Kalendersprüche zusammen, steuert ein paar Vorschulweisheiten bei, und fertig ist die Anti-Emanzipations-Theorie.«

Klug, scharfzüngig und witzig – eine herrliche Abrechnung!

Désirée Nick, gefeierte Entertainerin und »RTL-Dschungelqueen mit Weltklasse« (FAZ), gehört zum Feinsten und Gemeinsten, was deutsche Bühnen und Bildschirme zu bieten haben. In ihrem Programm »Désirée Superstar – Sturzgeburt einer Legende« blickt sie auf ihre erste Dekade im Showbiz zurück. Ihr letztes Buch »Was unsere Mütter uns verschwiegen haben« stand viele Wochen auf der Bestsellerliste. Die »alleinerziehende Großstadtromantikerin«, wie sie sich selbst nennt, lebt mit ihrem Sohn in Berlin.

Unsere Adresse im Internet: www.fischerverlage.de

Désirée Nick

EVA GO HOME

Eine Streitschrift

Fischer
Taschenbuch
Verlag

2. Auflage: Januar 2007

Originalausgabe
Erschienen im Fischer Taschenbuch Verlag,
einem Unternehmen der S. Fischer Verlag GmbH,
Frankfurt am Main, Januar 2007

Satz: Pinkuin Satz und Datentechnik, Berlin
Druck und Bindung: Clausen & Bosse, Leck
Printed in Germany 2007
ISBN 978-3-596-17669-4

Dieses Buch ist bestens geeignet, um meiner Mutter gewidmet zu werden.
Ich widme es dem Blut, dem Schweiß und den Tränen aller Trümmerfrauen – besonders aber meiner Großmutter Mummi (†), Tante Bärbel (Hola España) und Mama Ulla Rollwage. Denn ihr wart die Ersten und habt die Frauenbewegung schon längst gelebt, als Alice noch darüber nachdachte, ob sie ihren BH verbrennen soll.

Apfelkuchen nach dem Dési-Prinzip

300 gr Mehl
175 gr Butter
120 gr Puderzucker
1 Ei
½ TL geriebene Zitronenschale
5–6 Äpfel
¼ l Sahne
2 Eier
200 gr Zucker
½ TL geriebene Zitronenschale
1 Prise Salz
1 kräftiger Schuss Rum
wahlweise 1 Tüte in Rum eingeweichte Rosinen

1. Weiche Butter mit Puderzucker cremig rühren
2. Ei, Zitronenschale und Mehl in die Masse einarbeiten
3. den Teig 2 Min. kneten und kühl stellen
4. Sahne, 2 Eier, Zucker, Zitronenschale, Rum und Prise Salz verquirlen
5. Äpfel schälen, vierteln und entkernen
6. die Äpfel auf der runden Seite mit dem Messer der Länge nach fächerartig einschneiden (dadurch werden sie beim Backen schneller gar und saugen sich besser voll)
7. Teig ausrollen, gebutterte Form auslegen, aus den Teigresten Rand bilden
8. Äpfel mit der eingeschnittenen Seite nach oben auf den Teig legen (wahlweise jetzt die Rumrosinen drüberstreuen)
9. mit der Sahne-Ei-Masse übergießen und im vorgeheizten Ofen bei 150 Grad ca. 50–60 Min. backen.

Mit steifgeschlagener Sahne servieren! – und die Welt liegt Ihnen zu Füßen!

Inhalt

Prolog oder: Das Phantom des Eva-Prinzips

WENN EVA HERMANS RAT, DASS FRAUEN DEN MUND HALTEN SOLLEN, WAS TAUGEN WÜRDE, HÄTTE SIE IHN LÄNGST SELBST BEFOLGT. WARUM GEHT SIE BEIM KLAPPEHALTEN NICHT MIT GUTEM BEISPIEL VORAN?

Sie halten just in diesem Moment die Konsequenzen meines demütigendsten Tages des vergangenen Jahres in Ihren holden Händen! Es war der Tag, an dem ich heimlich, gramgebeugt und mit sehr schlechtem Gewissen in eine Buchhandlung schlich und der burschikos-spröden Buchhändlerin einer riesigen, repräsentativen Großstadtbuchhandlung zuraunte: »Ich hätte gern das Eva-Prinzip!«

Dann begab ich mich voller Scham mit dem Buch an die Kasse. In der Warteschlange dieses Machwerk in den Händen zu halten war mir so peinlich, dass ich es schnell im Schutzumschlag von Dieter Bohlen versteckte.

Als begeisterte S-Bahn-Fahrerin Berlins begann ich gleich zu lesen, hatte ich doch Unsägliches erwartet, nach all dem, was an dilettantischen Thesen dankbare mediale Verbreitung fand. Es gibt in dieser Welt unendlich viele Kinder, die unerwünscht sind. Ich denke nicht nur an die Kinderheime in Lissabon, Rio de Janeiro, Russland und Rumänien. Auch in unserem Wohlstandsland Deutschland platzen die Heime mit abgeschobenen Kindern aus allen Nähten, und zwar so sehr wie nie zuvor. Es zerreißt mir das Herz, wenn ich daran denke, dass dort Wartelisten geführt werden, weil so viele Eltern ihr Accessoire »Kind« so schnell wieder abschieben wollen, wie den Hund, der zu Weihnachten »in« und vor den Sommerferien bereits wieder »out« ist. All jene, die für den Schutz des ungeborenen Lebens auf die Straße gehen, sollten sich lieber für den Schutz des geborenen Lebens engagieren. Dafür trete ich ein!

Und eins muss man sagen: Unser Altkanzler ist ein hipper Typ, für manche sogar ein Trendsetter. Denn selbst Madonna macht ihm jetzt die Geschichte mit der Adoption nach! Inzwischen ist Adoption in Hollywood der neue Trend. Wer nächstes Jahr einen Oscar gewinnt, bekommt vermutlich ein afrikanisches Kind gratis dazu!

Und da Eva H. dringend als Missionarin einer neuen Weiblichkeit verstanden werden möchte, wäre es doch eigentlich oberste Christenpflicht für sie, einem ungeliebten Heimkind durch Adoption Geborgenheit, Schutz und Wärme zu schenken. Kümmert ihr euch alle, die ihr nach mehr Kindern schreit, doch erst mal verantwortungsvoll um die, die schon da sind!

Ich habe also den Fehler gemacht, das Eva-Prinzip zu kaufen und zu lesen, aber ich muss sagen, es hat auch mir dazu verholfen, meinen Horizont zu erweitern: denn ich hätte nie damit gerechnet, dass die horrenden Apfelkuchenparolen der Öffentlichkeit ja noch reduziert und gemäßigt verabreicht wurden. Wieso erschien niemand auf der Bildfläche, der Kleinholz aus diesen Absonderungen vom Planeten der TV-Moderatorinnen machte?

In meinen eigenen bescheidenen Worten gesagt, sind

die Kernthesen des Eva-Prinzips ungefähr die: Frauen sind durch und durch warme, weiche, sanfte Wesen, die für die harte Arbeitswelt nicht geschaffen sind. Erst böse schwarz gekleidete kinderlose Feministinnen, die sogenannten *»Einpeitscherinnen«** (S. 26), haben den Frauen ausgeredet, zu Hause am Herde dem Manne zu dienen und damit glücklich zu sein. Nur bei den *»Naturvölkern«* (S. 104) herrscht noch diese altertümliche Idylle. Alle anderen verirrten und verwirrten modernen Frauen meinen, sie müssten unbedingt Geld ranschaffen. Deshalb schmeißen sie ihre Kinder, kaum dass sie sie bekommen haben, in die nächste Ecke oder laden sie in tristen Ostkrippen ab – wobei mein Eindruck ist, dass der Osten bei Eva H. gleich nach dem Alexanderplatz beginnt – und hetzen zurück zum Arbeitsplatz. Das tun sie nur, weil sie a.) der falschen Selbstbestätigung erlegen sind, die man dort kriegt, oder b.) der raffgierige Ehemann sie zum Anschaffen schickt. Vom zweiten Einkommen werden Zweitwagen, Urlaubsreisen und Traumküchen abbezahlt. Dieser unnötige Luxus ist Teufelswerk. Wegen der Arbeitswut der Frau geht am Ende alles den Bach runter: die Kinder, der Mann, die Ehe, die Liebe, das Volk und die Welt insgesamt. Die Frau selbst endet als depressive, selbstmordgefährdete Alleinerziehende. Würden die Frauen also endlich einsehen, dass außerhäusiges Arbeiten gegen die göttliche Ordnung ist, dann wäre endlich wieder (!) alles in Ordnung.

Nur scheinbar mit leichter Hand, in Wahrheit mit verzweifelter Anstrengung vermag ich der Welt das Komische abzugewinnen, doch dieses Mal befielen mich

* Zitate aus dem »Eva-Prinzip« sind im Text kursiv gesetzt.

Gefühle, die schlecht zu einer Humoristin passen. Mein Ekzem fing an zu jucken. Das waren ja Volksverblödungsparolen übelster Art! Das war ja ein ganz gefährlicher ideologischer Unsinn, der alles unterbot, was ich mir hätte träumen lassen. Ich hatte mich schon auf eine Diskussion auf Parterre-Niveau eingestellt und musste nun erkennen, dass hier jemand die Kellertür aufgemacht hat.

Eigentlich hatte ich gedacht, nach Susan Stahnke könne es nicht mehr schlimmer kommen! Was haben wir dieser Frau doch unrecht getan, als sie sich ob ihrer Karriere-Ambitionen von der Tagesschau verabschiedete und nichts als Spott erntete, weil sie die Nation an ihren Hollywood-Flausen teilhaben ließ. Inzwischen hat Susan Stahnke das Eva-Prinzip ihrer Kollegin Herman umgesetzt: Sie hat geheiratet, ist ihrem Manne untertan, hat Nachwuchs produziert und – sie hält die Klappe. Sie ist jetzt sogar brünett. Der Part der Blondine bei der Tagesschau bleibt nun an Jens Riewa hängen. Nur Eva H. bleibt sich selbst nicht treu. Sonst hätte sie doch im Moment ihrer Erkenntnis, dass Karriere den Frauen nur schadet, nicht noch dieses Buch schreiben müssen, um sich damit selbst zu disqualifizieren. Stattdessen bastelt Frau H. auch ohne a.) Tagesschau weiter an ihrem Erfolg, sei es b.) mit ihrer Talk-Show, als c.) Swing-Sängerin, d.) Volksmusikmoderatorin, e.) Autorin oder neuerdings f.) Provokateurin.

Über den Inhalt des Buches weiß man Bescheid, ohne es gelesen zu haben. Zu lachen gibt es zwischen den beiden Buchdeckeln absolut gar nichts, und wenn ich mich soziologisch informieren will, greife ich doch bitte schön zu qualifizierten Autoren.

Aufmerksamkeit zu bekommen oder gar Bücher zu verkaufen sagt absolut gar nichts über die Qualität von Parolen aus. Aufmerksamkeit wird jedem Unsinn zuteil, wenn er nur katastrophal genug ist. Und Interesse findet man dank unserer medialen Vernetzungen für jegliche Art von Abnormität.

Im Falle des Eva-Prinzips heißt das im Klartext: Man sammelt ein paar passende Biographien, hauptsächlich natürlich plakative Extremfälle, erhebt sie zur Norm, reichert dies mit zweifelhaften, überholten Statistiken an, fügt eine Prise selektive Wahrnehmung und Selbstmitleid hinzu, dreht das Ganze durch den Wolf, blendet alles aus, was man nicht sehen will, bemüht ein paar Zitate, die einst in anderem Zusammenhang geäußert wurden, schustert noch ein paar schlichte Kalendersprüche zusammen (*»Das weibliche Auge erkennt schneller, wo Hilfe nötig ist.«* S. 49), steuert ein paar Vorschulweisheiten bei (*»Männer bauen Erz und Kohle ab, fällen Bäume, errichten Häuser; Frauen weben, flechten, stellen Matten und Kleider her und töpfern.«* S. 91), und fertig ist die Anti-Emanzipations-Theorie. Man bemüht einen so schlichten Schreibstil, der den Leser zum intellektuellen Hilfsschüler macht: *»Der Mann ist infolge seiner genetischen Voraussetzungen unzweifelhaft stärker und größer als die Frau, kann aber keine Kinder bekommen. Das vermag nur die Frau.«* (S. 91) Dann untermauert man seinen pseudosoziologischen Dilettantismus noch mit Anmaßungen wie: Mein Still- und mein Schlafbuch sind *»inzwischen für Fachleute zu Standardwerken geworden«* (S. 29), und schon hat man die Welt verbessert.

Ich wäre nicht Désirée Nick, wenn ich den Dingen

nicht gründlich, ja, sogar getrieben durch analytischen Perfektionismus auf den Grund gehen würde. Das Internet mag dem einen oder anderen zwar eine Scheinidentität verleihen, aber mit ein paar Mausklicks kann es auch Lügengebilde zum Einsturz bringen.

Immer, wenn man in Gefahr gerät, die Dinge des Lebens zu eng zu sehen, sollte man die Dinge aus einer neuen Perspektive betrachten.

Überflüssig zu sagen, dass Eva H. zu den Zeiten, die sie heraufbeschwört, nicht mal Nachrichten hätte vorlesen dürfen, sondern ob ihrer Lebensführung (s. o.) als Hexe verbrannt worden wäre. Unnötig darauf zu verweisen, dass wir zum Glück genug gelungene Gegenbeispiele kennen. Frauen, die selbstverständlich Mutter und erfolgreich im Beruf sind und bei denen diese Kombination offenbar noch keine medienwirksame Sinnkrise ausgelöst hat: Nadja Auermann, Elvira Bach, Iris Berben, Senta Berger, Anke Engelke, Veronica Ferres, Katja Flint, Susanne Fröhlich, Maria Furtwängler, Petra Gerster, Katrin Göring-Eckardt, Steffi Graf, Nina Hagen, Tita von Hardenberg, Corinna Harfouch, Gertrud Höhler, Andrea Kiewel, Heidi Klum, Juliane Kokott, Silvana Koch-Mehrin, Hera Lind, Carmen Nebel, Jutta Limbach, Charlotte Link, Frauke Ludowig, Nena, Christiane Paul, Charlotte Roche, Christiane zu Salm, Claudia Schiffer, Cordula Stratmann, Ursula von der Leyen, Gloria von Thurn und Taxis, Sarah Wiener, Angela Winkler oder Christa Wolf zum Beispiel.

In der Öffentlichkeit sichtbar werden aber nur jene, die mit entsprechendem Promi-Faktor und Skandalpotenzial und mit geschickt von der PR-Abteilung platzierten Veröffentlichungen aus dem Dunkel treten.

O.k., es mag Familien geben, deren altmodische Versorgerehe-Idylle funktioniert, aber genauso gibt es Menschen, bei denen unkonventionellere Lebensformen zu eben jener Erfüllung geführt haben, die Frau H. offenbar nicht gelten lassen will. Vor allem aber gibt es Menschen, die in festgefahrenen Lebensmustern in Erstarrung verharren und weder Möglichkeiten noch Mittel haben, einem Leben bestehend aus Kompromissen eine Wendung zu geben.

Es erfordert genauso viel Mut zu heiraten, wie es nicht zu tun.

Viele der rund sieben Millionen berufstätigen deutschen Mütter mit Kindern erfreuen sich eines ausgefüllten Berufs- und Familienlebens. Und viele der 2,2 Millionen Alleinerziehenden sind heilfroh, dass sie unabhängig und selbstbestimmt ihr Leben einrichten können. Aber Eva versucht uns ihre suizidalen Freundinnen als Prototypen zu verkaufen (im Kapitel *»Die überforderte Frau«*) und übersieht, dass ein Großteil der alleinerziehenden Frauen mit ihrem Status als »ledige« Mutter a.) hochzufrieden sind, ihn b.) nicht aufgeben wollen und c.) meistens auch noch frei gewählt haben. Aber nein, Eva geht strikt monothematisch von sich und ihren Freundinnen aus, die sie sich offenbar danach ausgesucht hat, dass sie ihr Weltbild bestätigen, und schwuppdiwupp: Hab ich mir mein eigenes Paralleluniversum erschaffen!

Wo bleiben in Evas Prinzip aber all jene, die sich den Luxus, zu Hause zu bleiben, finanziell gar nicht leisten können? Oder sitzengelassen wurden? Oder vergeblich nach dem Mann des Lebens suchen? Oder die sich aus einer zermürbenden Partnerschaft befreien wollen, um ihre Talente zu entfalten?

Für diese unendlich viel breitere Mehrheit sind die Parolen der Ex-Tagesschau-Sängerin ein Schlag ins Gesicht. Noch dazu, wo die Phase intensiver Mutterschaft ja höchstens ein Viertel unseres Lebens ausmacht! Wenn man Evas Prinzip anwendet, wird man danach von einem großen schwarzen Loch verschluckt. Mein arbeitsreiches, alleinerziehendes Leben hat mich Männern sogar näher gebracht: *Ich* habe Verständnis, wenn aus Terminnot auch mal aufs Vorspiel verzichtet werden muss und man nach getaner Arbeit bei Fußmassage vor Ruf-mich-an-Trailern wegdöst. Wer nämlich den ganzen Tag zugetextet wird, braucht zu Hause jemanden, mit dem es sich angenehm schweigen lässt! Eine Frau, die ganztags nur zu Hause sitzt, will mit Papi natürlich abends reden. In Wahrheit will Papi aber ganz was anderes!

Papi wird nach einer Dekade erfolgreichen Strebens sogar eines Tages registrieren, dass er sich mit der »stehengebliebenen Mutti« einfach gar nichts mehr zu sagen hat ... und seine Bedürfnisse nach Austausch wahrscheinlich bei einer toughen Karrierefrau suchen.

Eva Herman vertraut der Frauenbewegung nur von der Hüfte abwärts. Wahrscheinlich musste sie für Uli Wickert immer das Bier holen. Denn sie meint ja selbst, dass es der Natur der Frau entspräche, sich unterzuordnen und anzupassen.

Da hat sie wohl irgendwann aufgegeben und die Frauenbewegung oberhalb der Hüfte zu ihrem Feindbild erklärt. Folge: Eva H. diskriminiert die Emanzipation, profitiert aber davon! Viermal verheiratete Karrierefrauen mit sechs Berufen (s. o.) hat es doch vor Alice Schwarzer nie gegeben. Und selbst die trägt heute schon Lippenstift und hat den trittfesten Pumps für sich entdeckt.

Wie kann Frau H. etwas zum Prinzip erheben, was doch lediglich einen Teilausschnitt unserer Wirklichkeit ausmacht? Was da zur These erhoben wird, ist doch nur ein kleines Puzzleteilchen, eine winzige Möglichkeit in der Vielfalt moderner Lebensentwürfe. So werden alle Frauen diskriminiert, die für den Lebensunterhalt der eigenen Familie arbeiten *wollen*. Ebenso werden all jene diskriminiert, die für den Lebensunterhalt der eigenen Familie arbeiten *müssen*. Frau H. geht von ihrem eigenen, großen Luxus aus, nämlich der Voraussetzung, frei wählen zu können.

Doch Evas Prinzip hinkt nicht nur, es ist verkrüppelt: Was, wenn der Mann die Arbeit verliert, seine Frau betrügt, sie sitzenlässt, sich eine Jüngere nimmt oder sich als Geizkragen entpuppt, der die Familie kurzhält? Evas Rat: Mund halten und die Ehe aussitzen. Und womit will Eva Frauen überzeugen, die ihren Traumprinzen nie gefunden haben? Was, wenn mein Traummann kokst, verheiratet ist oder mich nur flachlegen will? Was, wenn mein Traummann ein Sensibelchen ist, in die Schuldenfalle gerät und an einer Überdosis Hustensaft stirbt? Das soll's ja geben. Da kann man sich mit Evas Ratgeber in der Hand doch als Frau nur erschießen!

Frau H. hat schlichtweg schlampig recherchiert. Sie hat ihre Hausaufgaben nicht gemacht, sonst hätte sie wissen müssen, dass Frauen bis vor 500 Jahren als Herde lebten und Sklavin des Mannes waren. Wir gehörten zum Hausrat und konnten umgetauscht werden, wenn wir nicht mehr richtig funktionierten oder kaputt waren. Unser Status unterschied sich kaum von dem des Viehs. Vor 120 Jahren durften wir nicht mal wählen, unseren Besitz selbst verwalten oder Hosen tragen. Es hätte uns an den Galgen gebracht, dies auch nur zu verlangen. Vor 40 Jahren hatten Frauen nicht mal das Recht, ihren Arbeitgeber zu verklagen oder sich gegen Vergewaltigung oder Misshandlung zu wehren. Vor 30 Jahren noch konnten wir wegen Schwangerschaft gekündigt werden – oder von der Schule fliegen. Vor 20 Jahren gab es weder Tangas, Nagelstudios noch Extensions! Im Vergleich dazu haben Frauen es heutzutage doch wirklich leicht!

»Huch«, dachte ich, als meine U-Bahn im Gleisdreieck die Endstation erreicht hatte, denn fertig war ich mit dem Buch! Die Thesen begannen sich zu wiederholen und wurden je nach ihrem Grad der Verwertbarkeit immer wieder anders überbacken aufgetischt. Mit fortschreitendem Lesen verfestigte sich der Eindruck, dass Eva H. irgendwie auf die vertraglich vereinbarte Seitenzahl zu kommen versucht hat. Da war ja ab Seite 50 gar nichts Neues mehr, das drehte sich ja alles wieder im Kreis à la »Männer fällen Bäume, Frauen knüpfen Matten«.

Als erfolgreiche, glückliche Alleinerziehende hätte ich mich diskriminiert fühlen können, aber dafür müsste ich Eva ja ernst nehmen. Warum empfindet diese Frau Karrieremütter als eine Provokation? Warum kippt Eva Herman den Dreck ihrer eigenen privaten Unzufriedenheit über Deutschland aus und stellt sich als Heilsbringerin und Retterin dar? Es will doch gar keiner von einer Fernsehfrau gerettet werden! Ist dieser armen Frau denn die Leidenschaft und Befriedigung eines Berufes, den man gerne macht, versagt geblieben? Hat sie sich so widerwillig all die Jahre zu ihren beruflichen Verpflichtungen geschleppt, und ist ihr die Lust an der würdevollen

Entfaltung in einem ganzheitlichen Rahmen als Mensch völlig versagt geblieben?

Dämmert sie gar im Wachkoma vor sich hin? Es soll nicht sein, es darf nicht sein, und damit existiert diese Wahrheit auch nicht. Selektive Wahrnehmung nennt man das. Mein eigener Tellerrand ist das Maß aller Dinge – und basta! Ich radiere mal eben aus, was Fakt ist in Island (1,9 Kinder pro Frau), Dänemark (1,8 Kinder), Norwegen (1,8 Kinder), Schweden (1,7 Kinder), Frankreich (1,9 Kinder) und sonstwo – dass nämlich Frauen offensichtlich vor lauter Zufriedenheit dort am meisten Kinder kriegen, wo sie »nebenbei« auch noch ganz viel arbeiten gehen.

Wie mir meine süße Friseurin Katja, 38, alleinerziehend mit eigenem Salon und drei Kindern, den Laden fegend, fröhlich sagte: »Wenn man seinen Beruf liebt, dann klappt das alles!«

Wie passt in das billige Apfelkuchenkonzept des Eva-Prinzips der Umstand, dass eine talentierte, begabte Frau schlichtweg die Leidenschaft entfaltet, ihre Talente auszuleben? Eine Musikerin, Malerin, Tänzerin, Sportlerin, Sängerin, Wissenschaftlerin, die einen Kick daraus zieht, die Entwicklung der Sprache bei den Zebrafinken zu erforschen oder um die Welt zu reisen, um ihren Traum von der Archäologie zu leben? In der Welt der Eva H. hätte Anne-Sophie Mutter ihre Geige an die Wand hängen, Katarina Witt die Sache mit dem Eislauf sein lassen, Steffi Graf den Tennisschläger nur zum Nudelumrühren verwenden sollen und sich stattdessen gefälligst der *»Gestaltung eines Heims, einer Partnerschaft, in der wir an der Seite eines Mannes segensreich wirken können«* (S. 45), widmen sollen.

Wenn wir wollen, können wir Kriminalhauptkommissarin werden und Männer verhaften. Wir dürfen Soldatin sein, in den Krieg ziehen und Außenministerin oder Bundeskanzlerin werden. Wir haben beste Voraussetzungen, um die Welt zu erobern und die Führung zu übernehmen. Wir haben den Mut, die Mittel und die Vision, die Welt zu verbessern. Wir haben Bildung, Selbstbewusstsein und Attitüde. Wir besitzen Informationen und Allüren. Manche von uns haben sogar die richtigen Klamotten. Wir stehen am Anfang des Matriarchats! Und da kommt Eva H. und meint, sie müsse uns zurückpfeifen? Wovor hat diese Frau Angst? Ich glaube, vor ihrem eigenen Mann! Droht er ihr erneut zu entweichen? Sichert sie vielleicht mit dieser Schwarte den häuslichen Frieden?

Sie sollte unbedingt als liebende Mutter ihren Sohn auf die Welt von morgen vorbereiten. Es gibt keine andere!

Die Frage wird nämlich nicht mehr sein, ob es besser ist, die Geschichte zu formen oder den eigenen Körper: Heute formen Frauen beides! Denn diese Welt wurde von Männern erschaffen, und es ist höchste Zeit, dass wir sie verbessern.

Deshalb dieses Buch. Denn eine muss auf den Mist ja antworten, Eva, und wenn nicht ich, »die depressiv-suizidal-Alleinerziehende«, wer dann? Liebchen, das kann ich im Namen meiner Schwestern nicht so stehen lassen, was du uns da an Diskriminierungen als kleinsten gemeinsamen Nenner hinterherwirfst! Bei so viel Unsinn würde Schweigen ja Zustimmung bedeuten!

Drum mache ich die Dreckarbeit und schiebe in meinen 18-Stunden-Tag mal eben schnell die komplette Widerlegung des Eva-Prinzips ein! Und stell dir vor: Ich tue es gern, mit Leidenschaft, Begeisterung und ohne die kleinste Depression. Das Tal der Tränensäcke ist nämlich von denen besetzt, die dein Buch brauchen, um ihr waidwundes Herz über verpasste Chancen und verpatzte Lebensentwürfe hinwegzutrösten. Wer an seinem glücklichen Hausfrauendasein überhaupt nicht zweifelt, der muss doch gar nicht nach deinem Werk greifen, um sich eine Rechtfertigung für sein Lebensmodell zu suchen.

Drum lasst uns Frauen aufrecht stehen und weitergehen – Brustwarzen gegen den Wind. Und Mädels, lasst euch nicht verarschen: vor allem nicht von Eva H.! Irgendjemand muss schließlich die Weltherrschaft übernehmen – warum nicht wir?

1. *Warum Mutti nicht schuld ist, wenn wir aussterben*

Eva Herman sagt:

- *»Wir sind im Begriff, uns selbst abzuschaffen.«* (S. 12)
- *»Sterben wir am Ende sogar aus, weil die Frauen vergessen haben, welches Glück und welche Befriedigung es bedeutet, Kinder zu haben?«* (S. 13 f.)
- *Wir Frauen haben »bewusst oder unbewusst viel verhängnisvoller an der Kinderlosigkeit und am gesellschaftlichen Niedergang mitgewirkt [...], als wir es zugeben wollen. Und die Zahlen, Fakten und Erkenntnisse der vergangenen Jahre sprechen dafür.«* (S. 23 f.)
- *»Millionen Frauen folgten blind der feministischen Ansicht, dass schon der Geschlechtsakt an sich Tyrannei und Gewalttätigkeit sei und dass Kinder nur als Mittel zum Zweck einer umfassenden Versklavung der Frau dienten.«* (S. 183)
- *»Beziehungen werden aufs Spiel gesetzt, Kinder werden abgelehnt oder wegorganisiert, Wärme und Nähe gemieden.«* (S. 240)

Es ist amtlich: Deutschland ist Papst, Deutschland ist Weltmeister der Herzen – und Deutschland stirbt aus.

Ja, Leute, so ist es, bald gibt es uns nicht mehr. Das ist natürlich sehr schlimm, ein großer Verlust für die ganze Welt. (Schließlich können wir die weltbesten Kuchen und Brote backen und sind fast Fußballweltmeister.) Vor allem aber sind wir das Volk der Dichter und Denker. Und wenn wir aussterben, wer wird dann noch dichten und denken in dieser großen trüben Welt?

In Wirklichkeit ist es uns natürlich ziemlich schnuppe, dass wir aussterben. Schade nur um das Reihenhäuschen, für das wir uns jahrelang abgerackert haben, und das dann nichts mehr wert ist, weil es bald sowieso zuviel Wohnraum gibt. Aber im Ernst, damit sollen sich doch die Erbschleicher rumschlagen. Das muss uns dann ja eigentlich auch nicht mehr jucken, wenn wir mehrheitlich unter der Erde sind. Und unsere wenigen Nachkommen dürfen sich in den leeren Feldern und Wäldern wieder wie Großgrundbesitzer fühlen. Hat ja alles auch immer sein Gutes: Endlich Schluss mit dem Stück Rasen vor der Haustür. Bald hat in Deutschland wieder jeder seinen eigenen Wald!

Wir machen uns Sorgen, klar. Aber worum genau? Ums Vaterland etwa? Nein, ganz egozentrisch um uns selbst! Um es mal ganz deutlich auszusprechen: Wir machen uns Sorgen, dass uns keiner den Hintern abwischt. Denn wenn wir alt sind, sind alle anderen ja auch alt. Und die paar Jungen, die es dann überhaupt noch gibt, werden sicher wenig Lust haben, uns ihre wertvolle Arbeitskraft zu opfern. Schließlich müssen sie ja dann rund um die Uhr malochen, damit bei den vielen Rentnern überhaupt noch was ankommt. Auf einen Arbeiter kommen dann ja ungefähr 100 Rentner, die durchgefüttert werden wollen.

Von wegen, die Rente ist sicher. Wir sind doch nicht blöd. Dass wir uns nicht vermehren, damit haben wir uns wirklich selbst ein Ei gelegt. Glücklich, wer dann wenigstens noch drauf hoffen kann, von seinen 1,3 Kindern und deren 0,8 Enkeln im Altersheim besucht zu werden.

Früher, also ungefähr vor 200 Jahren, war man schlauer. Da hat man einen Haufen Kinder gekriegt, jedes Jahr eins. Und wenn man dabei nicht aus Versehen im Wochenbett gestorben ist, dann hatte man im Alter ein paar Töchter und Schwiegertöchter, die einen mit durchgefüttert haben. Machen wir uns nix vor: Mit überbordender Mutterliebe hatte das auch nur bedingt zu tun, dass Frauen im vorletzten Jahrhundert sieben und mehr Kinder bekamen. Denn die starben ja auch noch wie die Fliegen, deshalb hatte man gar keine Wahl, als ständig welche nachzulegen, wenn man in seinen letzten Jahren nicht ganz arm und einsam enden wollte.

Seit es ein bisschen aus der Mode gekommen ist, die Demenz von Oma und Opa zu Hause zu pflegen, seit wir Rente kriegen und krankenversichert sind und diese vielen anderen guten Dinge des sozialen und medizinischen Fortschritts genießen, seitdem dann noch die Pille kam, kriegen wir immer weniger Kinder. Trotzdem schaffen wir es doch seit 30 Jahren, konstant auf 1,4 Kinder pro Frau zu kommen. Sprich: Könnte schlimmer sein. Wie zum Beispiel in Italien oder Spanien.

Aber wir wären ja nicht die Dichter und Denker, die wir sind, wenn wir nicht gleich mal wieder tief gegrübelt hätten, um den Schuldigen für die fehlenden Kinder auszumachen. Ich glaube nicht, dass sich irgendjemand in Italien oder Spanien das ondulierte Haupt darüber zerbricht. Gegrübelt und gegrübelt haben mal wieder die Deutschen, und nach langem trüben Nachdenken fand eine Nachrichtenvorleserin, die 18 Jahre lang ihrem Land die Hiobsbotschaften zum Abendbrot verabreicht hatte, die Antwort: Mutti ist schuld, dass wir aussterben!

Nun ja, Horrormeldungen waren ja fast 20 Jahre lang das täglich Brot von Eva Herman, da hätte es mich auch gewundert, wenn sie plötzlich mit Erfreulichem hausieren ginge. Die heimliche Hobbysoziologin fand also heraus: Mutti will nicht mehr Mutti sein, sondern lieber als Mannweib zur Arbeit gehen.

Weil Mutti sich in den 1970er Jahren gesagt hat: »Ich mach jetzt mein Jodeldiplom und hab dann auch mal was Eigenes!« Nebenbei geriet Mutti immer mehr auf die schiefe Bahn, schloss sich Frauengruppen an, »falschen Freundinnen« sozusagen, die ihr einredeten, da gäbe es in ihrem Körper etwas, was sie aus politischen Gründen unbedingt finden müsse: den G-Punkt und ihr Recht auf einen eigenen Orgasmus!

Es begann also in den 1970ern: Der Urknall, welcher der Anfang vom Ende war: Frauen durften Nachrichten lesen! Ja, da setzte man Karl-Heinz Köpcke eine Frau vor die Nase, die mehr als nur die Programmfolge vorlesen durfte. 1971 versammelte sich das ganze Land vor der Mattscheibe und wartete auf die Versprecher von Wibke Bruhns, der ersten weiblichen Nachrichtenfrau. Ihrem Erscheinen war ein immenser Medienskandal vorausgegangen, denn man hielt es für politisch inkorrekt, einer Frau diese seriöse Aufgabe anzuvertrauen.

Wibke B., auch Mutter übrigens, hat sich nicht versprochen, und sie ist auch nicht in Tränen ausgebrochen, während sie ihre tägliche Dosis an erschütternden

Neuigkeiten dem Land kundtat. Und später hat sie als Auslandskorrespondentin noch viel bessere und gefährlichere Dinge getan, als in einem Studio vom Zettel abzulesen.

Im Zuge dieses allgemeinen Wunders der Emanzipation wurden auch die Möglichkeiten in Forschung, Wissenschaft und Medizin in ein neues Zeitalter transformiert. Wer hätte sich noch Anfang der 80er Jahre träumen lassen, dass eine HIV-Infektion kein Todesurteil bedeutet, sondern zur Krankheit wird wie Diabetes? D.h. dass bei verantwortungsvoller Diagnostik infizierte Patienten mit dieser Krankheit leben und altern können?

Heute können wir Krebs heilen und Mundgeruch, wir können abgesägte Arme wieder annähen, Herzen verpflanzen, siamesische Zwillinge trennen, aus Frauen Männer machen und umgekehrt, wir kriegen 400 Gramm kleine Frühgeburten durch, lassen uns literweise Fett absaugen, und mit der Vogelgrippe nehmen wir es auch noch auf.

Und das Allerbeste: Wir werden nicht nur immer älter, wir werden auch immer schöner. Die Medizin macht sich auch mehr und mehr das Äußere des Menschen untertan. Minimale chirurgische Eingriffe und Wundermittelchen wie Botox überlassen heutzutage den körperlichen Verfall nicht mehr der Natur, sondern geben uns die Möglichkeit, die körperliche Attraktivität zu verlängern, die sichtbaren Zeichen des Alters hinauszuzögern.

Man braucht ja nicht mal mehr eine dicke Brille, man kann seine Augen auch lasern lassen! Altersflecken auf dem Handrücken? Eine Sitzung beim Dermatologen am Lasergerät! Schiefsitzender Überbiss? Sprechen Sie mit Ihrem Zahnarzt über Implantate!

Die Summe all dieser medizinischen und technischen

Fortschritte führt dazu, dass wir uns inzwischen ausgiebig entfalten können. Der 100. Geburtstag eines Menschen ist den Medien heutzutage nicht mal mehr eine Notiz wert. Da muss man schon 110 werden oder wie Johannes Heesters noch mit 103 Jahren auf Theatertournee gehen, damit berichtet wird. Gut, ich vermag mir zwar nicht vorzustellen, wie Heesters aussieht, wenn er die Kerzen auf seiner Torte ausbläst, abgesehen davon, dass die mehr kosten als der ganze Kuchen. Aber egal, es ist statistisch erwiesen, dass sich die Lebenserwartung von Frauen auf gut 81 Jahre und die der Männer auf 76 Jahre erhöht hat.

Wir hier am oberen Ende der demographischen Pyramide werden also immer älter, und die da unten, die später mal für uns die Rente ranschaffen sollen, werden immer weniger. Der Wirtschaft wird das nicht weiter schaden, die produziert dann halt statt Autos massenhaft Treppenlifte für uns. Statt Gameboys poppige Hörgeräte und statt Tank Tops Stützstrümpfe.

Trotzdem: Deutschland liegt mit seiner Geburtenrate entgegen den Hiobsbotschaften des Eva-Prinzips immerhin noch im europäischen Mittelfeld. Und das liegt eindeutig nicht an dem egoistischen Selbstverwirklichungstrip, den Mutti seit den 1970ern fährt. Im Gegenteil. Überall in Europa, wo man Mutti erlaubt hat, mit ihrem Jodeldiplom arbeiten zu gehen und genauso viel Geld zu verdienen wie die Jungs, also z.B. in Schweden, Dänemark, Norwegen, Frankreich, da hat sie nebenbei auch noch einen Haufen Kinder gekriegt. Während überall da, wo man Mutti das Jodeln zu verbieten versucht, weil ihr doch der Haushalt gefälligst genug sein soll, also in Spanien, Italien, Polen und bei uns natürlich, da hat sich

Mutti trotzig zu Hause in die Einbauküche verkrochen. Und dort ist ihr offenbar die Lust am Brüten vergangen.

Stattdessen puzzelt sie seitdem irgendwie halbunglücklich mit ihren eineinhalb Kindern und ihrer langweiligen Teilzeitstelle rum – die sie sich eigentlich auch sparen könnte, denn vom Gehalt bleibt ja wegen der schlechten Steuerklasse eh nix übrig. Der Staat schmeißt ihr zur Entschädigung noch ein bisschen Kinder- und Elterngeld hinterher, aber die Kita um die Ecke macht über Mittag zwei Stunden zu. Da braucht man natürlich gar nicht erst anzufangen mit der Arbeitssuche. Wenn Mutti folglich zu Hause bleibt, dann zeigt sie mit spitzen Fingern auf die »bösen« Karrierefrauen; wenn sie trotzdem arbeitet, reicht sie das Geld direkt ans Kindermädchen weiter. Und nicht, dass sie das von der Steuer absetzen könnte! Nein, hier in Deutschland muss man erst Geld bezahlen (siehe Vorsteuer!), um überhaupt arbeiten zu dürfen!

So oder so: In Deutschland gibt es nur zwei Schubladen für Mütter: a.) Rabenmutter und b.) frustrierte Hausfrau!

Wem es relativ gut geht, wer seine Schäfchen im Trockenen hat, der kann sich getrost erlauben, zum Wohle seiner Mitmenschen düster in die Zukunft zu schauen und Endzeitprognosen aufzustellen. O. k., die Zivilisation ist noch immer nicht so weit, für uns Frauen Strumpfhosen zu produzieren, die keine Laufmaschen machen, aber wir haben 350 TV-Programme, leben im Informationszeitalter und können für 3,50 € bei H & M ein schickes Sommerkleidchen kaufen. Wir können für 16,– € jede europäische Metropole anfliegen und für 6,50 € in Lachs und Champagner aus dem Aldi-Regal schwelgen. Wir sind sogar immer und überall erreichbar und haben gelernt, Handytarife unserem individuellem Lebensstil anzugleichen.

Selbstverständlich verbringen wir unsere Freizeit als Hausfrau im Fitnesscenter mit einem flotten Personal-Trainer. Unser Leben ist auch ohne Kinder durch Shoppingsucht, Freizeitangebote, Internet-Chatportale, Kurztrips und Beautytermine ausgebucht.

Wen wundert es da, dass uns die Lust aufs Gebären mehrheitlich echt vergangen ist?

Solange eine top Kinderbetreuung in unserem Lande nicht an erster Stelle steht, solange Alleinerziehende steuerlich veranlagt werden wie ein Singlehaushalt, solange Ehefrauen wegen der schlechten Steuerklasse kaum ihr eigenes Taschengeld dazuverdienen können, solange es für einen Arbeitgeber nicht völlig normal ist, dass arbeitende Väter oder Mütter pünktlich nach Hause gehen dürfen, solange Kinderbetreuung und Babysitter steuerlich nicht vollständig absetzbar sind, solange fahnenflüchtige Väter sich ohne gesetzlichen Widerstand verdünnisieren dürfen, solange Väter, die Mütter um Alimente betrügen, von unserem Rechtssystem Rückendeckung bekommen, so lange wollen Kinder nicht in dieses Land hineingeboren werden! Zu Recht!

Statt würdige Vorraussetzungen für junge Familien zu schaffen, investiert das holde Deutschland lieber in Babyklappen!

Deutschland ist nicht Weltmeister im Aussterben – aber in der Depression und in der Übertreibung.

2. Warum die Emanzipation kein Irrweg war und die Frauenbewegung erst am Anfang ist

Eva Herman sagt:

- *»Wir haben mit der Ordnung der Dinge gebrochen und zerbrechen nun selbst daran.«* (S. 27)
- *Feministinnen sind »Einpeitscherinnen«, die uns mit ihrem »Kampfgeschrei« ein falsches, männliches Rollenbild aufzwingen wollen.* (S. 26)
- *»Wenn wir das Feld solchen Aufwieglerinnen überlassen, finden wir niemals einen Weg zurück zum selbstverständlichen Muttersein.«* (S. 21 f.)
- *»Mit der unreflektierten und gehorsamen Gefolgschaft dieser feministischen Äußerungen erlauben wir vereinzelten, mit schwarzen Kutten getarnten Scharfmacherinnen, auf unsere persönlichen Geschicke Einfluss zu nehmen und uns in unser Verderben zu führen.«* (S. 22)
- *Die historischen Errungenschaften wie Wahlrecht, Ausbildung und Gleichberechtigung sind »nicht alle das Ergebnis militanter Feministinnen, sondern zum Teil bereits im Grundgesetz als Menschenrechte verankert.«* (S. 202)

Man muss es sich wirklich nochmal auf der Zunge zergehen lassen: Emanzen sind durchweg kinderlose böse

Frauen, »*Einpeitscherinnen*« in »*schwarzen Kutten*«, die uns alle ins Verderben stürzen wollen. Na gut, gibt Eva zu, es gäbe zwar ein paar »*Verbesserungen, die uns die so genannte Emanzipation gebracht hat: Befreiung von sexueller Gewalt, von politischer Ungleichbehandlung, von der Missachtung von Frauen*« (S. 202), dann noch das Recht zu wählen und eine Ausbildung zu machen. Aber dass wir das jetzt alles dürfen, sei ja sowieso bereits im Grundgesetz verankert gewesen.

Liebe Eva, diese kleine historische Spitzfindigkeit kann ich mir jetzt doch nicht verkneifen: Die Menschenrechte im Grundgesetz ließ nicht der liebe Gott vom Himmel regnen! Er hat sie auch nicht Moses in die Feder diktiert.

Nein, einige coole Männer und vier tapfere Frauen haben sie mühsam erstritten und 1949 formuliert. Auf dass die Würde des Menschen nie mehr von menschenverachtenden Diktatoren angetastet werde! In diesem berühmten Grundgesetz wurde dann zum ersten Mal auch der Satz von der Gleichberechtigung verankert:

Artikel 1,1: Die Würde des Menschen ist unantastbar.

Artikel 3,1: Alle Menschen sind vor dem Gesetz gleich.

Artikel 3,2: Männer und Frauen sind gleichberechtigt. Der Staat fördert die tatsächliche Durchsetzung der Gleichberechtigung von Frauen und Männern und wirkt auf die Beseitigung bestehender Nachteile hin.

Und wer hat sich den Artikel ausgedacht? Falsch geraten, Eva! Es waren nicht die Männer, sondern die Juristin Elisabeth Selbert, bekannt als »Mutter des Grundgesetzes«. Und weil ihr dabei mächtig der kalte Gegenwind der männlichen Macht um die Ohren wehte, hat sie außerdem nebenbei noch eine Welle des Frauenprotestes im ganzen Land organisiert. Bis die Herren der Tafelrunde um die Gleichberechtigung nicht mehr herumkamen.

Die beliebte Nachrichtensprecherin und Missionarin einer neuen Mütterlichkeit, Eva H., weiß also offenbar nicht, dass der Artikel 3 und seine Ergänzungen eines intensiven Kampfes der Frauenbewegung bedurft haben!

Kämpferinnen wie Elisabeth Selbert, Annemarie Renger, Alice Schwarzer, Inge Wettig-Danielmeier, Waltraud Schoppe, Regine Hildebrandt, Rita Süssmuth sind Frauen, die dazu beigetragen haben, dass Eva Herman überhaupt jemals eine Chance hatte!

Aber selbst als der Satz von der Gleichberechtigung dann im Grundgesetz verankert war, hat es noch bis in die späten 1970er Jahre gedauert, diesen Gedanken auch bis in die letzten Paragraphen des Familienrechts vordringen zu lassen. Bis dahin waren die Menschen zwar gleich, aber der Ehemann war doch noch ein bisschen gleicher als die Ehefrau! Und das sitzt uns eben immer noch in den Knochen! Historisch gesehen sind diese Gesetze ja erst fünf Minuten aus unseren Köpfen verbannt. Und es braucht Generationen, um die Gleichberechtigung wirklich in unseren Geist und Alltag eindringen zu lassen.

Rein theoretisch haben Frauen in Deutschland dieselben Chancen wie Männer, aber praktisch werden diese Möglichkeiten kaum genutzt. Dies ist ein ausgesprochen kostspieliges Drama, da der Anteil weiblicher Studenten in vielen Fächern 50 % beträgt. Frauen neigen jedoch dazu, ihre erarbeiteten Qualifikationen im Laufe einer

Partnerschaft brachliegen zu lassen. Das kann nicht nur an den raren Kinderbetreuungsmöglichkeiten liegen, da bei Doppelverdienern in Akademikerhaushalten oder dem Mittelstand in der Regel eine Tagesmutter finanziert werden kann. Was also ist schuld daran, dass a.) Frauen weder Kinder kriegen noch b.) Karriere machen?

Der Unterschied zu den Nachbarländern scheint in einem kulturellem Phänomen zu liegen. In keinem anderen westlichen Land lassen sich Frauen bereitwillig auf die Alternative ein, entweder nur Hausfrau und Mutter oder Apothekerin, Managerin, Designerin, Künstlerin, Wissenschaftlerin oder Anwältin zu sein. 35 % aller Frauen verabschieden sich für immer aus dem Berufsleben, sobald sie Mutter werden, weitere 35 % verharren später als Notlösung in ungeliebten Teilzeitjobs.

Das Idyll der Kleinfamilie nebst der dazugehörigen Mutterkreuzphilosophie bremst in Deutschland nach wie vor die Frauen aus. Dieses Denkmuster ist tief verankert im BGB von 1900 und war teilweise noch bis 1977 geltendes Recht in Deutschland.

Hier eine kleine Kostprobe aus dem Bürgerlichen Gesetzbuch von 1900, wie gesagt, z. T. geltendes Recht bis 1977:

»§ 1354 Dem Mann steht die Entscheidung in allen das gemeinschaftliche eheliche Leben betreffenden Angelegenheiten zu. Er bestimmt insbesondere Wohnort und Wohnung.«

Natürlich bestimmt der Mann den Wohnort. Immer noch. Ich habe jedenfalls noch keinen dicken Deutschen im Unterhemd gesehen, der in Thailand bei seiner Frau auf dem Sofa hockt. Und wenn das kleine Urlaubsmitbringsel erst mal da ist, bestimmt der Mann natürlich auch, wo die Fußkette angebracht wird. Da ist es doch wirklich eine enorme Errungenschaft, dass Frauen sich heutzutage relativ frei im Haushalt bewegen dürfen.

Viele Artikel des Grundgesetzes bedurften eines intensiven Kampfes, um gewisse Lockerungen einzuführen. So war beispielsweise jahrelang genormt, dass eine Kette so leise zu rascheln hat, dass die Frau vom Herd bis zur Speisekammer laufen kann, ohne den Mann beim Fernsehgucken zu belästigen.

»§ 1355 Die Frau erhält den Familiennamen des Mannes.«

Noch bis 1991 (!) galt bei dem Familiennamen übrigens der »Stichentscheid«, d.h. wenn sich die Eheleute nicht einig wurden, wurde dem Namen des Mannes automatisch der Vorrang gegeben. Es sei denn, man ist evangelische Pastorin beim »Wort am Sonntag«, da bekommt man immer einen Doppelnamen mit Bindestrich.

Nun ja, inzwischen haben wir ja auch die Schattenseiten dieses Gesetzes kennengelernt! Denken wir nur an den Prinzen Frédéric von Anhalt, der sich einst von einer armen Adligen adoptieren ließ und dessen Nachname dann auf Zsa Zsa Gabor überging, was diese mit Mitte 70 und in 8. Ehe zur Prinzessin machte.

Heutzutage können also auch Männer hochheiraten, da ist kostspielige Adoption gar nicht mehr nötig. Gleiche Rechte, gleiche Pflichten: Otto Normalverbraucher heiratet eine Adelige, und man entscheidet sich dafür, dass die Familie den Namen der Frau trägt. Seitdem dies möglich ist, muss zumindest keine Prinzessin mehr bei einer unstandesgemäßen Verbindung befürchten, dass sie den bürgerlichen Namen ihres Ehemannes übernehmen muss.

So wird eines Tages die Welt voll von Adeligen sein, in deren Adern kein Tropfen blauen Blutes fließt. Oder glaubt irgendjemand, Prinz Fofi von Hohenzollern wäre bei einer eventuellen Heirat mit Tatjana als Ferfried Gsell herumgelaufen? Möglich wär's!

»§ 1356 Die Frau ist [...] berechtigt und verpflichtet, das gemeinschaftliche Hauswesen zu leiten. Zu Arbeiten im Hauswesen und im Geschäfte des Mannes ist die Frau verpflichtet, soweit eine solche Tätigkeit nach den Verhältnissen, in denen die Ehegatten leben, üblich ist.«

Ein zu kompliziertes Satzgebilde! Man kann es auch einfacher formulieren:

»Um sechs steht das Essen auf dem Tisch. Punkt.« Kaum zu glauben, dass das ein Gesetzestext ist! Klingt eher nach einem Auszug aus dem Ehevertrag zwischen Verona und Dieter Bohlen! Inzwischen findet man solche Formulierungen Gott sei Dank nur noch im Kleingedruckten von Katalogen, in denen man Ehefrauen aus dem Ostblock bestellen kann.

In einer gerichtlichen Kommentierung zu § 1356 von 1975 (!!!) heißt es dazu: »Die Bestimmung stellt fest, dass die Ehefrau grundsätzlich erwerbstätig sein kann: Sie bedarf also dazu nicht der Genehmigung des Ehemannes. Natürlich hat sie aber die Pflicht, bei einem so einschneidenden Schritt den Ehemann zu verständigen; davon abgesehen, liegen ihren Pflichten in der Ehe und Familie Beschränkungen auf: Sie dürfen durch die Berufstätigkeit nicht leiden. Sie stehen an 1. Stelle. Der Frau wird es also regelmäßig verwehrt sein, an einem anderen Ort oder an anderer Stelle, die sie den ganzen Tag vom Hause fern hält, eine Tätigkeit aufzunehmen. Sie kann auch nicht die Haushaltsführung als solche einem Dritten übertragen, selbst wenn sie die Kosten hierfür trägt.«

Sehr emanzipierte Frauen haben sich damals schon die Zusatzklausel reinschreiben lassen: »Die Frau verpflichtet sich zu allem, aber seine dreckigen Socken kann der faule Sack gefälligst selbst waschen.«

In der heutigen Fassung lautet der § 1356 BGB übrigens so: »Die Ehegatten regeln die Haushaltsführung im gegenseitigen Einvernehmen. Wird die Haushaltsführung einem der Ehegatten überlassen, so leitet dieser den Haushalt in eigener Verantwortung. Beide Ehegatten sind berechtigt, erwerbstätig zu sein. Bei der Wahl und Ausübung haben sie auf die Belange des anderen Ehegatten und die Familie Rücksicht zu nehmen.«

Bloß wie sich »Rücksicht« definiert, das liegt ja wohl ganz im dehnbaren Bereich des Betrachters! Es kann auch Rücksicht sein, als Mann niemals die Küche zu betreten, um die Frau dort nicht zu stören!

Selbstbestimmt arbeiten, Geld verdienen und gleichzeitig Socken stopfen, Brei kochen und Wäsche waschen … das alles dürfen wir nun ganz legal. Für manche Frauen wurde das alles gleichzeitig erst möglich mit der Erfindung des Telefonsex.

Wenn es laut Gesetz also Aufgabe der Frau ist, Job und Haushalt unter einen Hut zu bekommen, dann ist es doch wirklich eine Entlastung, wenn das Kindermädchen wenigstens der Frau die Verrichtung ihrer ehelichen Pflichten mit dem Ehemann abnimmt!

Wenn wir dieses Gesetz genau lesen, stellen wir fest: Der

Frau wird es also rechtlich verwehrt, an einem anderen Ort oder an anderer Stelle, die sie den ganzen Tag vom Hause fern hält, eine Tätigkeit aufzunehmen. Es wäre ein Trennungsgrund, wenn sie einen Job im Ausland oder einer anderen Stadt annimmt. Während Männer immerzu alles versuchen, Tätigkeiten zu finden, die sie den ganzen Tag davon fern halten, nach Hause zu kommen. Ich glaube, solche bürokratischen Eheregelungstexte werfen sich Juristenpaare um die Ohren, wenn man sich wieder drum streitet, wer den Müll runtertragen muss.

»§ 1358 Hat sich die Frau einem Dritten gegenüber zu einer von ihr in Person zu bewirkenden Leistung verpflichtet, so kann der Mann das Rechtsverhältnis ohne Einhaltung einer Kündigungsfrist kündigen, wenn er auf seinen Antrag von dem Vormundschaftsgericht dazu ermächtigt worden ist. Das Vormundschaftsgericht hat die Ermächtigung zu erteilen, wenn sich ergibt, dass die Tätigkeit der Frau die ehelichen Interessen beeinträchtigt.«

Das heißt: Engagierte die Frau eine Putzfrau, konnte der Mann ihr zwar kündigen – durfte aber das Verhältnis mit ihr weiter fortsetzen!

»§ 1363 Das Vermögen der Frau wird durch die Eheschließung der Verwaltung und Nutznießung des Mannes unterworfen (eingebrachtes Gut). Zum eingebrachten Gut gehört auch das Vermögen, das die Frau während der Ehe erwirbt.«

Das Vermögen der Frau wird in die Ehe eingebracht. Sei es durch Bargeld, Aktien oder andere Wertanlagen wie Silikoneinlagen. Heißt das, der operierte Busen gehört dann dem Mann? Das würde ja bedeuten: Die Batterien aus ihrem Vibrator kommen am Tag der Eheschließung sofort in seine Fernbedienung!

Oder ein anderes Beispiel aus der Praxis: Wenn die Frau drei Kinder mit in die Ehe bringt, kann der Mann gesetzlich verlangen, dass diese bei ihm wohnenden Kinder nachts Bier und Zigaretten von der Tankstelle holen.

»§ 1395 Die Frau bedarf zur Verfügung über eingebrachtes Gut der Einwilligung des Mannes.«

Das heißt, wenn er die rosa Pumps ihrer Mutter tragen will, hat sie keinen Anspruch darauf!

»§ 1373 Der Mann ist berechtigt, die zum eingebrachten Gute gehörenden Sachen in Besitz zu nehmen.«

Alles, was die Frau in die Ehe einbrachte, ging an den Mann über. Das Einzige, was man damals von seinem Mann bekommen konnte, was einem vorher nicht gehörte, war mit Pech die Syphilis.

»§ 1376 Ohne Zustimmung der Frau kann der Mann über Geld und andere verbrauchbare Sachen der Frau verfügen.«

Und da wundert man sich darüber, dass vielen Frauen als einziger Ausweg nur der Satz blieb: »Heut nicht, ich hab Kopfschmerzen.«

»§ 1365 Die Verwaltung und Nutznießung des Mannes erstreckt sich nicht auf das Vorbehaltsgut der Frau. Vorbehaltsgut sind die ausschließlich zum persönlichen Gebrauche der Frau bestimmten Sachen, insbesondere Kleider, Schmucksachen und Arbeitsgeräte.«

Eine echte Chance, die Ehe annullieren zu lassen, hatte man nur, wenn sie nach Hause kommt und er steht in Stöckelschuhen, mit Perlenkette behangen und mit Staubsauger im Schritt im Schlafzimmer.

Das ist total ungerecht, denn: Bricht der Mann sich in ihren Stöckelschuhen die Haxen oder wird mit dem Staubsauger in die Notaufnahme gefahren, muss die Frau für den entstandenen Schaden aufkommen. Daran sollten Frauen immer denken, wenn der Mann mal wieder das Spießbraten-Elektromesser für Laubsägearbeiten in der Garage benutzt.

»§ 1616 Das Kind erhält den Familiennamen des Vaters.«

Mit dem Nachnamen kann man vielleicht noch leben, aber leider erhält das Kind auch seine Augen, seine Nase und die Veranlagung zu Glücksspiel und Alkohol.

»§ 1626 Das Kind steht, solange es minderjährig ist, unter elterlicher Gewalt.«

So war das damals, heute heißt es: »Das Kind steht, soweit es minderjährig ist, so lange unter elterlicher Gewalt, bis die Supernanny von RTL auftaucht!«

Ist das Kind jenseits der 30 und wohnt immer noch zu Hause, drehen sich die Machtverhältnisse natürlich entsprechend.

»§ 1627 Der Vater hat kraft der elterlichen Gewalt das Recht und die Pflicht, für die Person und das Vermögen des Kindes zu sorgen.«

Anders ausgedrückt: Wenn das Kind sich das Taschengeld aufbessert, indem es Papas leere Bierflaschen zum

Kiosk bringt, steht dem Vater trotzdem das Pfandgeld zu. Das heißt, dem Vater stehen auch sämtliche Urheber- und Verwertungsrechte zu, wenn er im Kreißsaal mit der Videokamera filmt, wie die Mutter unter Schmerzen das Kind gebiert. Somit darf der Vater also auch die Playstation des Kindes verkaufen, um die Kosten für den Vaterschaftstest abzudecken.

»§ 1634 Neben dem Vater hat während der Dauer der Ehe auch die Mutter das Recht und die Pflicht, für die Person des Kindes zu sorgen. Zur Vertretung des Kindes ist sie nicht berechtigt. Bei einer Meinungsverschiedenheit zwischen den Eltern geht die Meinung des Vaters vor.«

Kann der Streit über die Meinungsverschiedenheit gar nicht beigelegt werden, muss die Familie geschlossen zu Richterin Barbara Salesch.

»§ 1707 Der Mutter steht nicht die elterliche Gewalt über das uneheliche Kind zu. Sie hat das Recht und die Pflicht, für die Person des Kindes zu sorgen; zur Vertretung des Kindes ist sie nicht berechtigt.»

Es sei denn, es ist Fußball-WM und der Mann will in Ruhe gucken. Wenn Ihr Kind also mit Vati vor dem Fernseher hockt und ruft: »Los, Mutti, hol mal Bier aus dem Kühlschrank«, hatten Sie laut Gesetz dafür Sorge zu tragen, dass das Kind auch sein Bier bekommt. Im Prinzip muss also der Vati erst entscheiden, ob Mutti für den Sohn die Hausaufgaben machen darf. Dem Vater steht somit juristisch sowohl die Gewalt über das Kind zu wie über die Fernbedienung.

Und wer denkt dabei an die Kinder? Es gibt kein

einziges Gesetz, das Müttern verbietet, mit Spucke die Spinatreste aus den Mundwinkeln zu entfernen. In der Praxis kommen viele Mütter mit der Pflicht, das Kind zu erziehen, nicht klar, weil sie selbst noch bis spät abends über den Mathehausaufgaben grübeln.

Im schlimmsten Falle erhält im Falle einer Scheidung der Mann das Sorgerecht für das Kind, die Frau das Sorgerecht für die Immobilienratenkredite.

»§ 1574 Wird die Ehe […] geschieden, so ist in dem Urteil auszusprechen, dass der Beklagte die Schuld an der Scheidung trägt.«

Man sollte den Gesetzestext vielleicht erweitern: Bei besonders schwerer Schuld muss die Frau allerdings den Vornamen des Mannes annehmen.

Nun ja, dass beide schuld sind, schien nicht nachvollziehbar, und Eva H. scheint bis heute nicht zu wissen, dass kämpferische Frauen erstritten haben, eine Scheidung ohne Schuldzuweisungen rechtsgültig werden zu lassen. Man wollte ja die »schuldig geschiedene« Frau einst sogar brandmarken, indem sie wieder ihren Mädchennamen annehmen sollte! Dabei kam keiner darauf, dass man als Frau sich vielleicht geschämt hat, den Namen des Mannes tragen zu müssen, und den Mädchennamen wieder tragen wollte, um ein unglückliches Kapitel hinter sich zu lassen. Inzwischen gibt es ja sogar Frauen, die den Namen irgendeines Grafen, mit dem sie mal verheiratet waren, beibehalten, obwohl sie danach längst wieder einen Bürgerlichen geehelicht haben! Nehmen wir nur die Gräfin Pilati, verheiratet mit Rudolf Scharping, oder Renate Thyssen-Henne, die den Namen eines Ex aus dekorativen Gründen beibehielt.

Nur ein Kind darf heutzutage nicht nach seinem Vater heißen, wenn dieser es nicht wünscht. Obwohl es doch dem »Mannesstamme« nach dessen Blutlinie ist, hat es kein Recht zu sagen: Ich will heißen wie Papa – und sich so nennen. Da muss der Vater erst sein Einverständnis geben. Hier wartet Deutschland wirklich auf einen Präzedenzfall, der diese menschenunwürdige Regelung abschafft. In den USA, Großbritannien und Frankreich fasst man sich angesichts dieser deutschen Mentalität an den Kopf!

»§ 1312 Eine Ehe darf nicht geschlossen werden zwischen einem wegen Ehebruchs geschiedenen Ehegatten und demjenigen, mit welchem der geschiedene Ehegatte den Ehebruch begangen hat, wenn dieser Ehebruch in dem Scheidungsurteil als Grund der Scheidung festgestellt ist.«

Zum Glück wurde das später geändert. Dieses Gesetz hätte sonst beinahe den Fortbestand der Familie Wussow gefährdet.

»§ 1313 Eine Frau darf erst zehn Monate nach der Auflösung oder Nichtigkeitserklärung ihrer früheren Ehe eine neue Ehe eingehen, es sei denn, dass sie inzwischen geboren hat.«

Das ist natürlich so vollkommen unhaltbar. Es darf natürlich nicht heißen: »Es sei denn, dass sie inzwischen geboren hat«, sondern »geworfen«. Aber ganz, ganz früher, da war ja sogar gesetzlich geregelt, dass Frauen nach einer Trennung sich unverzüglich die Haare abzuschneiden hatten und geteert und gefedert wurden!

Am besten hat mir übrigens dieser Paragraph gefallen:

»§ 1300 Hat eine unbescholtene Verlobte ihrem Verlobten die Beiwohnung gestattet, so kann sie [...] auch wegen des Schadens, der nicht Vermögensschaden ist, eine billige Entschädigung in Geld verlangen.«

Man sieht: Schon damals hat sich die verlorene Ehre durch die Errichtung oder Überschreibung eines Palais wettmachen lassen! Aber was war eine »billige« Entschädigung? Eine Tafel Schokolade wahrscheinlich!

Heutzutage bleibt als Andenken an den Verflossenen meist nur eine Hefepilzinfektion. Und darüber darf man sich strafbewehrt nicht einmal äußern, weil es für den Partner »ehrverletzend« sei. Und wer kümmert sich um die Sitzengelassenen, die fortan als »Pilzpfanne à la Bordelaise« herumlaufen? Keiner!

3. Eva klärt auf oder: Eine Nation zwischen Bäume fällen und Matten flechten

Eva H. sagt, »dass wir biologisch gesehen eine andere Rolle als Männer haben.« (S. 28) *Beweis: Wir sehen ja auch unterschiedlich aus!*

- *Der Mann ist »kräftiger, stärker, behaarter«, die Frau »zarter und zierlicher gebaut, körperlich schwächer.«* (S. 62)
- *»Der Mann ist infolge seiner genetischen Voraussetzung unzweifelhaft stärker und größer als die Frau, kann aber keine Kinder bekommen. Das vermag nur die Frau.«* (S. 91)
- *»Akzeptiert man diese Tatsache nicht, […] kommt es zu typischen Fehlentwicklungen, auf persönlicher wie auch gesellschaftlicher Ebene.«* (S. 61)
- *Männlich und Weiblich sind die beiden »Grundformen der Schöpfung«, sie repräsentieren das »jahrtausendealte Erfolgsmodell der Aufgabenteilung«.* (S. 93)
- *»So ist es kein Wunder, dass es […] in traditionellen Kulturen zu einer klaren Aufgabenteilung kam. […] Männer bauen Erz und Kohle ab, fällen Bäume, errichten Häuser; Frauen weben, flechten, stellen Matten und Kleider her und töpfern.«* (S. 91)

Dieser geballte Bockmist hat, so unerklärlich das auch erscheinen mag, von Seiten der Kritik noch nicht die nötigen Verrisse erfahren, die er verdient. In einer hochzivilisierten Gesellschaft kramt eine blondgelockte Hobbysoziologin im rosa Kostümchen die primitivsten Orientierungsmerkmale eingeborener »Naturvölker« jenseits jeglicher Zivilisation hervor und erdreistet sich, als Überlebensmetaphern das auf unseren Alltag anzuwenden, was Eingeborene in ihrem Baumhaus beherzigen.

Eine Ideologie wird nicht dadurch glaubwürdiger, dass man sich die Rosinen herauspickt, sondern dadurch, dass man sie konsequent zu Ende denkt. Wenn ich also für mein Lebensmodell das anwende, was einer mattenknüpfenden Buschfrau in Australien beim Überleben hilft, dann bitte schön muss ich auch Steine anbeten, mich vor Blitz und Donner verkriechen und meine Push-up-Bras verbrennen, um freischwingende Brüste der natürlichen Wirkung der Erdanziehung zu überlassen.

Dummheit gepaart mit Arroganz nenne ich den Versuch, die vermeintlichen Strategien der Naturvölker auf unseren zivilisierten Alltag zu übertragen. Diese angebliche Lebenshilfe orientiert sich an dem Lebenswandel von Frauen, deren Füße Schuhe niemals auch nur gesehen haben! Menschen, die auf dieser Basis des kleinsten gemeinsamen Primitivnenners existieren, sind in der Regel mit 30 tot! Ein Foto von Donatella Versace würden sie bestenfalls vor ihre Hütte hängen, um die bösen Geister zu vertreiben. Und da zieht im 21. Jahrhundert eine aus, um uns weiszumachen, wir sollten uns bei den Eingeboren eine Scheibe abschneiden! Es gibt nun mal Natur und Kultur. Und die Kultivierung der Natur macht den Menschen erst zum Menschen.

Mechanismen der Steinzeit werden uns auf unserem Weg in die Zukunft wahrlich der irreführendste Berater sein. Aber was dürfen wir erwarten von einer Autorin, die sich überall das herauspickt, was ihr gerade in den Kram passt, ohne jemals das große Ganze im Auge zu behalten? Denn während einerseits die Naturvölker in den Himmel gehoben werden, verschmäht die Eva-Theorie andererseits Lesben und Emanzen, *»mit schwarzen Kutten getarnte Scharfmacherinnen«* (S. 22)! Alle, die nicht Mutter sind, sollten sich gefälligst aus der Frau-und-Mutter-Diskussion komplett heraushalten, weil hier keinerlei Erfahrungswerte vorliegen.

Im gleichen Atemzug werden aber Statuten der christlichen Kirche und des Papstes zur Untermauerung herangezogen. Dabei wissen wir doch alle, dass Papst und Kirchenväter dank des Zölibats und der vielgepriesenen »Sublimierung« noch viel weniger Erfahrungswerte in Sachen Familie als irgendeine Lesbe oder Emanze besitzen. Seit jeher wollte die katholische Kirche den Familien vorschreiben, wie sie zu leben haben. Die Praxiserfahrung, auf die sie sich dabei berufen können, entspricht ungefähr meinem Erfahrungsschatz im Zusammenschrauben von Autos.

Aber im Gemischtwarenladen des Eva-Prinzips bilden Bruchstücke des Katholizismus den Kitt, um die marode Substanz der Apfelkuchenthesen zusammenzuhalten. Noch kein Papst oder Kirchenvater hat die hungernden Kinder von der Kirchentreppe aufgehoben und sie barmherzig versorgt. Kein Einziger hat je für die unerwünscht in die Welt gesetzten Kinder persönliche Haftung oder gar Verantwortung übernommen.

Ist das gutes Staatsbürgertum? Einerseits beliebig das

Grundgesetz zitieren – und im selben Atemzug den lesbischen Schwestern die Grundrechte jeder sozialen Gemeinschaft absprechen?

Aber in der Seifenoper, die Eva »Leben« nennt, hat die heilsbringende Teilzeithobbywissenschaftlerin ja auch ihre Philosophie so designed, dass Frauen ohne Sanduhrenfigur schon Vorboten des Bösen sind. Wir schmalhüftigen, knabenhaften Typen ohne die *»typisch weiblichen Rundungen«* (S. 78) an den richtigen Stellen verraten unseren Auftrag als Frau! Ist es nicht merkwürdig, dass der Herrgott und die vielgepriesene Natur uns dann aus freien Stücken als Frau gerade so geschaffen hat?

Nun argumentierst du ja weiter, Eva, dass aufgrund der unterschiedlichen Körper auch die gesellschaftlichen Aufgaben und Pflichten unterschiedlich ausfallen. Aha, verstehe, das bedeutet also *zu Ende gedacht*, was ja eine Übung ist, die dir nicht liegt, dass Mann und Frau schon von ihren Körpern fremdbestimmt sind. Wenn du daran glaubst, was ist dann erst mit den bunten Menschen? Mit den »Negern«, den »Schlitzäugigen«, den »Schokobraunen«?

In deiner intakten Apfelkuchenwelt machen dann alle Schwarzen die Musik, tanzen und rennen Marathon, ziehen sich einen Ring durch die Nase und unterhalten den Rest von uns. Die gelben Schlitzaugen trippeln als Geishas umher, servieren Tee, kochen Reis und reparieren unsere Computer. Der Herman'sche Biologieunterricht führt direkt zurück zu einer Rassenlehre, wo der genetische Stempel das Schicksal besiegelt.

Eva, das ist nicht mehr komisch, das ist beängstigend!

In deinem Kosmos herrscht erst Frieden, wenn den

Frauen wieder das Wahlrecht entzogen und das Studieren verboten wird. Das alles hat ja nur Verwirrung gestiftet, denn am Ende weiß man ja gar nicht mehr, wer wer ist.

Eine Anwältin im schicken Businesskostüm, deren zwei Kinder überhaupt nicht schreien, wenn Mutti am Morgen zur Arbeit geht, die sich auf ihre Spielkameraden im Kindergarten freuen, die überhaupt selten gelitten haben, weil sie eine erfüllte, entspannte Mutter haben, die ihren Beruf liebt und das Alltagseinerlei geschickt delegiert hat, vielleicht sogar an die eigene liebende Omi, muss bei der Autorin Eva H. doch den letzten Föhn auslösen? Und Deutschland ist voll von Frauen, die ihr Leben im Griff haben und das Eva-Pamphlet zum Einstampfen freigeben wollen!

Armes Hascherl, die Welt ist nicht so, wie du sie gerne hättest, und auch mit der Apfelkuchentheorie wird sich daran nichts ändern. Du kommst mir vor wie ein Kind, das sich die Hände vors Gesicht hält und dann glaubt, es sei für die Welt unsichtbar: Denn das, was du innerhalb deines Tellerrands als wahr erkennst, willst du auf den Rest der Menschheit übertragen!

Was oder wer diesem Konzept nicht entspricht, darf nicht stattfinden und wird selektiv ausgeblendet. Umgeben bist du von 80 Millionen armen Irren, die verblendet wie die Lemminge ihrem Unheil, sprich der eigenen Ausrottung, entgegenrasen und nur durch deine Thesen der eigenen Vernichtung entrinnen können. Wie anmaßend, wie selbstüberschätzend, wie größenwahnsinnig, ja, wie drollig, dass du komplett ignorierst, was um dich herum geschieht. Allen, die etwas anderes leben als den Film, der in deinem Kopf abläuft, unterstellst du herblassend *Denkfehler*! Der Denkfehler bestehe in der Frage, *»ob Männer überhaupt geeignet sind, solche Tätigkeiten zu übernehmen«*. Nie *»haben die Männer freiwillig Hausarbeiten verrichtet oder Kinder aufgezogen, aufgrund ihrer Veranlagungen sind sie dafür auch nicht vorgesehen«*. (S. 85)

Nie in der Menschheitsgeschichte haben die Männer freiwillig Hausarbeit verrichtet? Schätzchen, ich sag dir was: die Frauen auch nicht. Aber sie wurden dazu abgerichtet und dressiert – von den Männern. Historisch gesehen ist es erst eine Minute her, dass wir Frauen mehr wert sind als Hausrat. Und unsere von dir so viel zitierte »Veranlagung« hat sich entsprechend den Bedürfnissen unserer Umwelt ausgeprägt. Weil wir immer am Feuer sitzen mussten, haben wir einen fetten Arsch gekriegt! In Schwarzafrika brauchte man keine Feuerstelle, um die Hütte warm zu halten, vielleicht haben die Schwarzen deshalb so herrlich schmale Figuren, weil sie als Nomaden vor den wilden Tieren wegrennen mussten und weite Strecken durch die Steppe liefen?

Dass Männer zur normalsten Sache der Welt angehalten werden, nämlich für ihre Brut zu sorgen, deklarierst du als »gefährlich«! Erteilst ihnen stattdessen den Freibrief, ihren Samen zu verspritzen, weiterzuziehen und die Aufzucht ihrer Nachkommenschaft anderen zu überlassen.

Millionen von Frauen können Auto fahren und haben ein Studium absolviert, und du glaubst im Ernst, Männer scheitern daran, ein Ei in die Pfanne zu hauen? Hältst du die Typen für so blöde, dass sie nicht mal die Wäsche sortieren können? Männer sollen von der Natur nicht dafür vorgesehen sein, den Tisch zu decken oder mit Kindern Hausaufgaben zu machen? Du redest sogar von »Zwang«, was bedeutet, dass sie von ihren bösen Frauen und Müttern widerwillig zu etwas verdonnert werden, was ihnen freiwillig nicht abzuringen wäre. Woher kommen dann hunderttausende männlicher Therapeuten, Seelsorger, Krankenpfleger, Pädagogen etc. in all diesen Berufen, denen ein kräftiges Helfersyndrom nur förderlich ist?

Wie, liebe Eva, erklärst du dir bitte schön die rund 200 Sterne-Köche in Deutschland? Männer können doch, wenn ich dich recht verstanden habe, keine hausfraulichen Tätigkeiten übernehmen? Seit Millionen Jahren waren es getreu deiner These doch die Frauen, die ihre Lieben mit Leckerbissen verwöhnten und für die Aufzucht am Herd die Verantwortung übernahmen.

Ich kann dir erklären, Liebchen, warum auch in diesem Fall deine Rechnung nicht aufgeht: Weil Männer in dem Moment, wo eine Karriere winkt, alles können. Solange es aber ein unbezahlter Job bleibt, geht gar nichts! In dem Moment, wo die Mützen für die Starköche vergeben werden, verschwinden die doch eigentlich ihrer Bestimmung folgenden, an den Herd gefesselten Frauen von der Bildfläche. Da teilt sich die Männerwelt die Filetstücke untereinander auf!

Männer gehen eben einfach gerne den bequemen Weg und machen einen großen Bogen um Tätigkeiten, bei denen kein sofortiger Profit winkt. »Lass doch Mutti abspülen, bei mir geht immer was kaputt, ich kann das nicht.«

Männer wollen nicht wie Frauen sein, weil Frausein langweilig und finanziell unergiebig ist!

Zahle einem Kerl pro Abwasch 100,– €, und er wird

nie wieder ein Glas zerbrechen. Und wenn man an der Börse nur im kleinen Schwarzen das große Geld machen könnte, dann wäre die Wall Street ab morgen bevölkert von Kerlen, die im schwarzen Latexdress im Büro an der Stange tanzen!

Die Schwäche von uns Frauen liegt darin, dieser »Ich-mach-dir-den-Dreck-weg«-Rollenverteilung nachgegeben zu haben. Aber durch die Spezialisierung unserer Qualifikationen haben wir an Selbstbewusstsein gewonnen. Genauso wie eine Frau in der Lage ist, im Restaurant ein schlechtes Essen zurückgehen zu lassen, sollte ein Mann in der Lage sein, sein Hemd zu bügeln. Frauen haben unter dem Oberbegriff *Liebe* Tausende von Jahren gratis geputzt, gekocht, gestrickt, gearbeitet und die verführerische Geliebte gespielt. Einer Frau dagegen, die mit beiden Beinen im Beruf steht, und sei es auch nur in einer banalen Tätigkeit wie einer Kassiererin, kann man eben nicht mehr ein X für ein U verkaufen. Sie kennt die Preise. Sie inhaliert die Gesetze der Marktwirtschaft, denn eine Ware, die im Regal liegen bleibt, fliegt aus dem System. Indem sie ihre Überstunden zu Urlaubstagen macht, erfährt sie, dass Zeit Geld ist. Und zwar ihre Zeit, ihr Geld und ihre Unabhängigkeit.

Seitdem unsere Bildung dazu beigetragen hat, diese Mechanismen zu durchschauen, lassen wir uns nicht mehr für dumm verkaufen: Wir können selber unsere Brötchen verdienen. Und wir kriegen den Luxusdampfbügler als Schnäppchen genauso wie die Heimmangel nachgeschmissen, das spart uns Zeit – in der wir dann Bücher lesen. Bildung! Achtung, der allergrößte Feind auf Planet Herman.

Wer ganz abgebrüht ist und sich infolge seiner Karriere

schon in der Endphase der »Vermännlichung« befindet (wie ich offenbar), der delegiert seine dreckige Wäsche sogar. Ich finde das übrigens christlich und marktwirtschaftlich klug, denn meine Wäscherei will auch leben. Für die ist Bügeln die Butter auf dem Brot, und gute Mitbürgerin, die ich bin, sorge ich dort für reichlich Arbeit.

In dem Maße, in dem sich unser Rollenverständnis, unser Lebensentwurf als Frau emanzipiert hat, in dem Maße wird natürlich die Männerwelt gezwungen zu kooperieren. Frauen sind nun mal aufgeklärt und wollen heutzutage etwas völlig anderes als noch in der Nachkriegsgesellschaft unserer Eltern, wo es ein akzeptiertes Lebensmodell war, in einer Versorgerehe aus wirtschaftlichen Gründen zu verharren. Die Erfüllung romantischer Träume und das Leben als ein einziger Liebesrausch standen überhaupt nicht zur Diskussion.

Freiwillig aber hat die Männerwelt nie etwas vom eigenen Terrain zugunsten der Frau abgetreten. Alles musste von tapferen Feministinnen erstritten werden, sei es das Wahlrecht, sei es die Gleichstellung am Arbeitsplatz oder die Angleichung der Gehälter. Der Mann hätte uns, wenn man es ihm überlassen hätte, seit jeher kleingehalten und den Müll wegräumen lassen, den er fallen lässt.

Nun ist es am Mann, sich partnerschaftlich mit der modernen, gebildeten Frau zu arrangieren. Männer wurden auf diese Generation, der sie heute gegenüberstehen, von ihren Müttern nie vorbereitet. Da kommt schon mal eine Pamela-Anderson-Phantasie real in sein Büro, wirft ihren Maseratischlüssel auf den Schreibtisch und sagt: »Schätzchen, hol den Wagen!« Männer wollten uns als wilde Gewächse halten, die in *seinen* Garten passen, nun wird der Garten gerodet und urbar gemacht.

Und die Männer sollten dabei anpacken, sonst wissen wir bald nämlich gar nicht mehr, wozu sie gut sind. Denn inzwischen sind wir so fit, dass wir nicht mal mehr einen Kerl brauchen, um uns den Reißverschluss am kleinen Schwarzen zuzumachen.

Die Chance für den Mann von heute ist die: Für uns unersetzlich zu werden, gerade und unbedingt im gefühlsmäßigen Bereich. Verlässlichkeit, Vertrauen, Unterstützung, Treue, Zuverlässigkeit, Kraft und Stärke, Verständnis und Liebe heißen diese nichtmateriellen Werte, die einen Partner unverzichtbar werden lassen. Männer sind wie Wasser: Sie suchen sich immer den bequemsten Weg. Sie werden immer da entlangfließen, wo sich der geringste Widerstand bietet, wo sie am schnellsten weitergespült werden. Wir sind nun mal ein Stein, um den herum sich das Wasser seinen Weg suchen muss. Und je mehr es sich an uns reibt, desto polierter und glanzvoller werden wir erstrahlen!

Leider sei aber nun, so weiß Eva, nicht jeder Mann *»in der Lage, nachsichtig und großzügig«* auf unsere beruflichen Ambitionen zu reagieren; *»und so muss man sich eingestehen, dass [...] die viel gepriesene Emanzipation durchaus ihren Teil zu einer höheren Trennungsrate beiträgt«*. (S. 16)

Die Selbstverwirklichung der Frau als Abnormität darzustellen und in ihr die Achse des Bösen zu sehen zeugt vom kompletten Scheitern am Leben selbst. Die heutzutage höhere Trennungsrate zu verteufeln, ist ein Trugschluss, denn die Dauer von Beziehungen sagt nicht im Geringsten etwas über deren Qualität aus. Eine

Trennung kann ein Befreiungsschlag sein, aus dem die Kinder lernen, dass man einer unliebsam gewordenen Situation ein Ende bereiten kann, statt sich dieser passiv auszuliefern. Wenn erwachsene, mündige, nicht völlig bekloppte Menschen erkennen, dass sie aufgrund welcher Vorkommnisse auch immer besser beraten sind, getrennte Wege zu gehen, so müsste doch die Tatsache der Trennung als mutiger Schritt begrüßt werden, statt als Quittung für die Gleichberechtigung verteufelt werden.

Jeder, der die Gnade und das Glück hat, eine erfüllende, stabile Partnerschaft erleben zu dürfen, lebt ein Privileg! Ich bin die Letzte, die angesichts der ganz großen romantischen Erfüllung auch nur vom leisesten Gefühl der Missgunst befallen wird. Ich lasse eine derart geglückte Biographie vollends gelten. Aber das nur nach außen aufrecht gehaltene Fassadenglück, das unter Zwängen der materiellen Abhängigkeit zwanghaft exerzierte Familienleben – das ist leider viel verbreiteter.

Die erschreckenden Trennungs- und Scheidungsraten sind nur die Spitze des Eisbergs, denn hier haben Menschen sich für die Konsequenz entschieden. Gar nicht sichtbar wird die Zahl derer, die sich mit der Fäulnis des eigenen Lebens arrangiert, abgefunden haben oder resigniert ihr Elend aussitzen. Die Gleichberechtigung hat ja Trennungen überhaupt erst als Option möglich werden lassen!

Gratulation zu der Trennungsrate, sage ich nur, welch ein Fortschritt, dass Frauen es nicht mehr als notwendig ansehen, alles mit sich machen zu lassen. Planet Eva schiebt natürlich auch angesichts der gestiegenen Trennungsraten ihren arbeitenden Schwestern die Schuld in die Schuhe und, welch holder Engel, sie stellt sich schützend vor den Mann! Dass dieser »starke« Kerl vielleicht durch Missbrauch, Betrug, Körperverletzung, seelische Grausamkeit und andere Brutalitäten diese Trennung verursacht hat, steht nicht auf ihrem Plan. Was, wenn eine Frau einfach keine Lust mehr hat, sich weiterhin hintergehen, belügen, ausnutzen und betrügen zu lassen? Auf Planet Eva ist es dann die böse Frau, die wahrscheinlich den Mann nicht genug Mann hat sein lassen: *»Lassen wir also den Mann Mann sein.«* (S. 236)

Eva, das ist nicht mehr komisch, was du dir da zu deiner eigenen Ruhigstellung zurechtgestrickt hast. Dein Apfelkuchen ist definitiv faul, und er stößt mir übel auf! Das kann ich einfach nicht schlucken, dass du uns Frauen die gestiegene Zahl der Trennungen als Quittung für die Gleichstellung vor den Latz knallst. Ich hab da eine bittere Wahrheit für dich: Männer finden Hausfrauen auf Dauer langweilig!

Hausfrauen werden immer für Karrierefrauen verlassen, niemals Karrierefrauen für Hausfrauen.

Der Vamp am Schreibtisch gegenüber, die knappe Bluse bei der pfiffigen, erfolgreichen Kollegin, die zum Geburtstag zwischen zwei Sitzungen sogar ihren selbstgemachten Käsekuchen kredenzt und mit ihrem Mercedes-Cabrio allein in den Feierabend fährt, um sich afterhour im Fitnesscenter den Brustmuskel zu stärken, das ist die Frau, für die Mutti eines Tages das Feld räumen muss. Sei es die gestresste Ärztin, die den Chefarzt von Frau und drei Kindern loseist, sei es die 18-Stunden-Job-Pressesprecherin, die mit einem Politiker dessen Berufsleben teilt, während seine Hausmutti Marmelade einkocht.

Eine autonome Frau zu erobern, die als fleißige Biene

selbst ihre Ernte heimbringt, das ist der viel größere Kick für den Jäger Mann als ein »Ich will einfach nur Hausfrau sein-Flittchen«, das am Tresen herumhängt und quasi schon erlegt ist, bevor zum Halali geblasen wird. Ja, Männer verlassen Hausfrauen für Stewardessen, die um drei Uhr nachts aufstehen müssen, für Ärztinnen mit 70-Stunden-Woche, für Rechtsanwältinnen mit Fortbildungsseminaren am Wochenende, für Friseurinnen, die am Küchentisch ihre Buchhaltung machen, für Wissenschaftlerinnen, die in ein anderes Land versetzt werden, für Künstlerinnen, die auf Tournee gehen, und für Managerinnen, die nicht kochen können! Kurz: für Frauen, die einen Kuchen backen, während sie gleichzeitig Vokabeln abfragen und die Bilanzen ihres Unternehmens auf den Blackberry gemailt bekommen! Weil diese Frauen autonom, unabhängig und stark sind. Weil sie wissen, was sie wollen, und trotzdem tolle Mütter sind. Weil sie ihr Ding machen, ohne Angst vor dem eigenen Partner!

Eva, sag ich nur, willkommen im 21. Jahrhundert!

4. Warum Frauenarbeit besser ist als Sklaverei

Eva H. sagt:

- *Frauenarbeit ist »Versklavung von Frauen«.* (S. 183)
- *Die angebliche »Selbstverwirklichung ist oft nur ein Deckmantel für egoistische Alleingänge oder wirtschaftliche Zwänge, bei denen erst die Familie auf der Strecke bleibt und dann die Frauen selber.«* (S. 19)
- *»Selbstverwirklichung ist ein Konzept ohne die Garantie eines Ankommens.«* (S. 41)
- *»Es gibt Millionen anderer Frauen, die keine Gelegenheit auslassen, von Selbstverwirklichung zu sprechen, weil sie sich schämen, den wahren Grund für ihre Berufstätigkeit zu nennen: Existenzangst, unmäßig gesteigerter Lebensstandard, Verschuldung.«* (S. 49 f.)
- *Eva rät: besser »eine Kehrtwende vollziehen, die Sucht überwinden und die Freizeit in vollen Zügen genießen«.* (S. 43)

Selbstverwirklichung ist ein Konzept ohne die Garantie eines Ankommens? Auch wieder so ein Schleudertrauma der Apfelkuchenphilosophin! Langsam entsteht bei mir der Eindruck, diese ganze Halde von Post-it-Wegweisern, die bestenfalls geeignet ist, um an den Joghurtbecher gepappt zu werden, ist Evas private Schadstoffdeponie!

Also verkneife ich mir die Vorstellung, dass dies nach Parolen klingt, die Patienten einer Psychiatrischen Abteilung morgens laut vorm Spiegel aufsagen sollen, nach dem Motto: »Ich bin es wert, geliebt zu werden!« Bei der Patientin, die offenbar am Ankommen gescheitert ist, gilt es, große Wissenslücken aufzufüllen. Bei der Selbstverwirklichung geht es nämlich gar nicht um ein Ankommen, denn der Weg ist das Ziel. Aber in eklatanter Weise tritt hier natürlich die gesamte Denkstruktur, quasi der Stoff, aus dem die marode Denke der Predigerin Eva H. gestrickt ist, zutage: alles rein profitorientiert! Vom Leben für die Entfaltung der gottgegebenen Talente im Gegenzug eine Garantie einzufordern, ist die beste Garantie fürs persönliche Scheitern.

Denn ankommen werden all jene, denen es um die Sache geht und die nicht antreten, um Privilegien einzuheimsen. Und nicht mal für große Talente, die alles in die Waagschale werfen, und sich mit 100 % Einsatz einer Sache verschreiben, hält das Leben eine Garantie bereit! Aber es ist den wahrhaft Berufenen egal, denn ihr leidenschaftliches Engagement wird sie auf einen neuen Pfad geleiten, selbst wenn das angedachte Ziel sich verschieben sollte.

Um auf dem Mond zu landen, muss man nach den Sternen greifen. Aber manche Menschen werden im Chaos des Lebens irgendwohin geschleudert, ohne ihren Standort einschätzen zu können. Solche Unglückskinder sind dann die schlechtesten Berater, wenn es darum geht, die eigene Position zu bestimmen, denn sie sind sich selbst nicht im Klaren darüber, wo sie stehen.

Es ist ein Ereignis im Leben jedes Menschen, eine Aufgabe zu finden, der er sich verschreibt. Dem leidenschaftlichen Engagement werden alle Ventile geöffnet, wenn ein musikalisches Talent erfährt, dass die Klaviatur seines Instrumentes sich ihm erschließt. Ein vielleicht verschlossener, introvertierter Jugendlicher erlebt Sinn und Zweck seines Daseins eventuell, indem er in der Musik, Literatur oder dem Theater Orientierung sucht und hier den Schlüssel für seine Zukunft findet. Ein Bastler, Grübler, Knobler ist angekommen, wenn er begreift, dass sich bei »Jugend forscht« Gleichgesinnte auf einem geistigen Spielplatz der Erfindungen von morgen tummeln. Das Glücksgefühl der Selbstverwirklichung wird sich jedem mitteilen, dessen Spiel mit Form und Farbe plötzlich zu einem eigenen Stil wird und sich gegen die Mittelmaßtuscharbeiten der Oberstufe beeindruckend abhebt.

Sei es das pubertäre Gedicht, welches man offiziell vorliest, sei es das erste selbstgenähte Puppenkleid, was tatsächlich bei Barbie wie angegossen sitzt – diese unvergessenen Momente unserer ersten Selbstfindungs-Gehversuche sind der eigentliche Schlüssel zum Glück. Selbst die Metzgerfrau, die es sich nicht nehmen lässt, im Chor ihrer »schönen Stimme« freien Auslauf zu gönnen, birgt in sich einen Quell der Freude, der sie über das Alltagseinerlei hinwegträgt. Einer Betrachterin von außen mag die Investition in all die Jahre »ziellosen« Übens sinnlos erscheinen, aber die Hingabe an eine Sache keimt langsam wie die verborgene Saat auf dem Feld. Unsichtbar. Gehegt und gepflegt und oftmals belächelt von Besserwissern nach dem Motto »Warum machst du das eigentlich?« Nun, im Fall der Metzgerfrau handelte es sich um die Mutter der Weltklassesopranistin Christine Schäfer, eine der gefragtesten Opernsängerinnen der Welt, die das Herz ihres Kindes durch ihre persönliche Liebe zum Singen auf ewig verzauberte! Und selbst wenn die Schallplattenabende mit den Operninszenierungen bei ihrer Tochter nicht auf fruchtbaren Boden gefallen wären, hätte die Mutter von Christine Schäfer weitergesungen – neben der Schlachterei, versteht sich.

Die Frage nach der Garantie stellt sich ein Mensch nicht, wenn er sein Talent oder seine Mission entdeckt! Die Frage nach der Garantie begleitet dich nur, wenn deine Aktionen von Misstrauen dem Leben gegenüber geprägt sind. Ich traf neulich eine Harfenistin, die unter großen Mühen in Nachtclubs spielt. Sie muss die eigene Harfe transportieren, hat verhornte Fingerkuppen und erntet selten Applaus, wenn sie im Hotel zum Five-o'-Clock-Tea das Klappern der Tassen musikalisch unterlegt. Sie erzählte mir, sie wollte Harfenistin werden, seit sie denken kann, und hat während des Studiums zehn Stunden am Tag geübt. Für die Frage nach der Garantie ist in einem solchen Leben kein Platz. Und dennoch traf ich eine beseelte, glückliche, bezaubernde junge Frau. Von Frust und Verbitterung keine Spur.

Es ist immer der billigste Weg, im Leben eine Garantie einzufordern. In welcher Liebe gibt es schon eine Garantie? Will mir die vierfach verheiratete Eva H. etwa das Märchen verkaufen, ein Mann sei eine Garantie? Da hat sie ja auch per Standesamt und Trauschein den Zettel mit der Garantie für die »Amtlichkeit« ihrer Liebe in den Händen gehalten, um ihn wenig später gleich wieder mit der Scheidungsakte einzureichen.

Dem Lebensentwurf eine Garantie abzuverlangen ist die garantierte Voraussetzung, um am Ende zu sagen:

»Ich habe mich verrechnet!« Das hat die Kalenderblattphilosophin leider auch getan, denn noch immer hat sie es nicht gelernt, die Zutaten ihres Apfelkuchens richtig abzuwiegen. Wie sonst kann man die Berufstätigkeit von Frauen als fremdbestimmte, brutale »Sklaverei« deklarieren? Noch dazu in Deutschland, dem Land mit einer weiblichen Beschäftigungsrate gerade mal im globalen Mittelfeld.

Gerüchte haben bekanntlich nur eine Funktion: Sie dienen der Verbreitung! Ich habe die starke Vermutung, Eva H. hat die Nachrichten nicht kapiert, die sie vorgelesen hat. Denn: Knapp 50 % aller Frauen in Deutschland arbeiten ja gar nicht. Eva, zieh dich warm an, die deutsche Frau ist bereits zu Hause!

In Ländern, deren Frauen ein wesentlich charmanteres Image haben, sieht das völlig anders aus: Da »versklaven« sich bis zu 80 oder mehr Prozent der Frauen beim Arbeiten außer Haus. Und sie scheinen es sogar gerne und freiwillig zu tun.

Hier bei uns leben 52,3 % aller Paare mit Kindern unter sechs Jahren das klassische Versorgermodell: er arbeitet, sie Hausfrau! Und wenn wir schon am Aufräumen sind: von wegen deutsche Karrierefrauen! Mehr als die Hälfte aller arbeitenden Frauen üben in typischen niedrigdotierten und schlechtangesehenen Frauenberufen einen Job aus: im Büro als kaufmännische Angestellte, in der Krankenpflege oder als Arzthelferin, als Verkäuferin, in sozialen Berufen als Kindergärtnerin, Altenpflegerin oder Reinigungskraft.

Von wegen in den Beruf getrieben! Der deutsche Staat hat stattdessen das Eva-Prinzip immer weiter gefördert: mit dem Ehegattensplitting nämlich, welches die Versorgerehe begünstigt. Wegen der schlechten Steuerklasse kriegt die verheiratete Mutti am Ende sowieso fast nichts von ihrem Gehalt raus. Deshalb hat es der Staat auch mit dem Ausbau der Kinderbetreuung nicht eilig. Soll doch Mutti zu Hause bleiben, Arbeitengehen lohnt sich für verheiratete Frauen finanziell sowieso nicht! Da muss man schon ausholen zum absoluten Überfliegerkarriereprogramm, damit in Deutschland was überbleibt. Aber selbst das ist nicht kalkulierbar, denn das Finanzamt macht jedem früher oder später den Garaus – und zuallererst den Alleinerziehenden, denn die erhalten keinerlei Unterstützung, sondern werden zur Strafe wie ein Singlehaushalt besteuert.

Und noch eine Neuigkeit für die gestürzte Anchor Woman, die offenbar beim Verlesen ihrer Zettel nicht ganz bei der Sache war: Auch die Kinder, wenn man sie fragt, finden eine arbeitende Mutter super – weil man auf die mächtig stolz sein kann. »Geh doch arbeiten, wir kommen hier schon gut alleine klar«, raten selbst die eigenen Kinder frustrierten Müttern, denen die Decke auf den Kopf fällt. Den Jugendlichen von heute käme es nicht mal in den Sinn, auf eine Berufsausbildung zu verzichten und mit Anfang 20 Hausfrau und Mutter spielen zu wollen.

Ein Großteil aller weiblichen Jugendlichen will sich selbst verwirklichen *und* Familie haben, das wissen wir aus der Shell-Studie 2006. Der Schlüssel zum Glück liegt also darin, Strukturen zu schaffen, die die Verknüpfung dieser privaten und beruflichen Zielorientierung ermöglichen. Wie passt in den Kosmos des Planeten Eva wohl der Gedanke, dass diese jungen Frauen es als Zwang empfinden würden, wenn sie nicht arbeiten dürften?

Als Sklavinnen muss man ja wohl solche deklarieren, die ein Leben lang an den Herd gefesselt sind, in Strapsen und hohen Hacken, Bratkartoffeln machen für den Göttergatten, der sich, wann immer es ihm passt, ganz nach Laune mal wieder zu Hause blicken lässt. Um sich daheim zu stärken, sich zu reinigen und seinen Rausch auszuschlafen, auf dass er weiterziehe in das Abenteuer »Leben«.

Eva H. benennt die Dinge einfach um: Sie macht jene zu Sklavinnen, die ihre Talente ausformen und einen Beruf haben wollen, der ihnen Unabhängigkeit beschert. Und solche, die in Abhängigkeit an den Herd gefesselt die Klappe halten, nennt sie »befreit«. Das ist ja fast schon spiritistisch, was die Tante da mit uns treibt! Da könnte man ja auch ab morgen den Tag als »Nacht« bezeichnen und die Nacht »Tag« nennen. Sie stellt die Dinge einfach auf den Kopf und plagt sich damit ab, uns das Planet-Eva-Vokabular aufzuzwingen.

Frauen arbeiten, weil es ihnen Spaß macht! Weil sie unabhängig und selbstbestimmt sein wollen. Glück stellt sich dann ein, wenn man es schafft, kniffelige Aufgaben zu lösen, Herausforderungen annimmt, Leistung bringt. Es ist wissenschaftlich belegt, dass selbstbewusste Menschen ihre Höhepunkte beim Arbeiten erleben! »Flow« – so nennt man das Gefühl, wenn nach großer Mühe auf einmal alles fluppt, alles klappt, alles fließt, wenn Hindernisse aus dem Weg geräumt sind, Probleme gelöst, Stress in Gelingen umgewandelt wurde. Nichtstun ist es, was Menschen völlig fertig macht. Und Haushalt macht nachweislich die meisten Menschen unglücklich.

Frag mal die Arbeitslosen, wie glücklich man mit

einem Leben auf der Couch sein kann? Frag mal eine Hausfrau, wie viel »Flow« sie beim täglichen Abwasch erlebt. Oder wie stolz sie auf sich ist, wenn ihr das Staubsaugen mal wieder so richtig gut gelungen ist. Und noch kein Mann auf der ganzen Welt ist je abends nach Hause gekommen und hat gesagt: »Wow, wie diese Kacheln wieder blitzen, boah, wie der Boden strahlt – komm her, du geiles Miststück, darauf will ich's dir gleich so richtig besorgen!«

Es heißt immer, die Hausfrauen kriegen zu wenig Anerkennung vom Rest der Welt. Bekämen sie endlich genug Lob, dann wären sie schon alle zufrieden. Das ist totaler Quatsch! Ja glaubt ihr denn, stupide Arbeit ohne finanzielle Entlohnung wird dadurch wertvoller, dass man abends für den fusselfreien Fußboden und die frische Bügelwäsche gelobt wird?

Das Eva-Prinzip wirft uns Karrierefrauen vor, dass wir »Drogenabhängige« sind, die versklavt wurden, zur Arbeit angetrieben werden, eine Kapitalquelle für Männer, unterdrückt und mit Scham behaftet, weil es ohne unser Gehalt zu Hause nicht für den Zweitwagen reicht. Getrieben von Existenzangst ohne freie Entscheidungsmöglichkeit, ob wir überhaupt arbeiten wollen.

Da würde ich Eva H. doch zu gerne mal zu einem Frauenplausch einladen, ihr meinen Mandelapfelkuchen servieren, ihr tief in die Augen schauen und sagen: Wie kannst du es a.) wagen, diejenigen der arbeitenden Mütter mit Häme zu überziehen, die es sich wirklich nicht leisten können, zu Hause zu bleiben? Nicht weil sie ihrem Mann einen Zweitwagen, sondern weil sie ihren Kindern mehr Lebensqualität ermöglichen wollen? Und b.) wie erklärst du dir, dass der verbleibende Rest, nämlich die Luxusmillionärsgattin zwischen Hamburg und München händeringend nach einer Aufgabe sucht, die über Shoppen und Parties hinausgeht? Weil sie durchdreht, wenn sie keine Möglichkeit zur Selbstverwirklichung bekommt.

Fazit: Beide Varianten, die du anbietest – arm und zu Hause, reich und zu Hause – sind falsch!

Die Armen brüskierst du, indem du ihnen den Rat erteilst, dann sollten sie doch eben arm bleiben und sich bescheiden! Und wer zahlt das? Du stellst uns doch eine schwangere Hartz-IV-Empfängerin mit reicher Kinderschar als Vorbild hin, an der wir uns gefälligst orientieren sollen. Weil sie sich halt mit weniger begnügt und das Glück im Lachen ihrer Kinder findet.

Das ist deine Ikone, oder? Ich habe es immer wieder lesen müssen, weil ich dachte, so kannst du das nicht gemeint haben! Aber das ist es ja mit dir, mein Zuckerpüppchen: Deine Naivität ist nicht gespielt, sondern abgewichst! Du meinst es tatsächlich ernst, wenn du uns nahelegst, wir sollen uns an der Bescheidenheit der arbeitslosen, hochverschuldeten Hartz-IV-Familie, die auf Zeit zur Untermiete in einem baufälligen Bauernhaus lebt, eine Scheibe abschneiden: Die *»Idylle«* könne man da doch *»förmlich vor sich sehen. Was diese Frau aufgebaut hat […], hat mich tief beeindruckt.«* (S. 58 f.)

Das ist also das »Planet Eva«-Rollenmodell! Das ist die Lebensform, von der sich deine Leserschaft und dein Gefolge eine Scheibe abschneiden sollen! Dann tu es deiner Armutsheldin doch gleich, vererbe all dein Hab und Gut an eine Riesenschildkröte im Regenwald, sag dich von der ganzen Arbeit und all dem Stress los, wirf Ballast ab, setz dich auf die Sozialämter und trag dein

Kind auf dem Rücken! Bestenfalls dann könntest du mich noch von deinem Phantom-Prinzip überzeugen.

Das ist doch wirklich zynisch, dass gerade du uns aus dem Porsche heraus predigst, die Frau als solche solle lieber arm sein und zu Hause bleiben, Kinder produzieren und dabei schön entspannt bleiben und *»die Freizeit in vollen Zügen genießen«*. (S. 43) Abgesehen davon, dass Armsein eine Fülle von Problemen und Qualen mit sich bringt, die in die Verelendung führen, bleibst du uns vor allem aber den Plan schuldig, wer all die gleichgültig-entspannten Hartz-IV-Empfänger, die jegliche Eigeninitiative eingestellt haben, finanzieren soll?

Wenn Frauen gar nicht mehr arbeiten, wer soll dann überhaupt das Steuervolumen aufrechterhalten, den Staat sättigen – und die glückliche Hartz-IV-Empfängerin in ihrem Bauernhaus subventionieren? Schon heute herrscht Fachkräftemangel in Deutschland. Schon heute sitzen viele hochqualifizierte Frauen zu Hause, die der Arbeitsmarkt dringend braucht. Sollen dann Inder importiert werden, damit die Frauen zu Hause die Kinder kriegen können? (Die Inder, liebe Nachrichtenfrau, wollten damals übrigens gar nicht kommen, weil wir selbst zu High-Tech-Malochern, die ordentlich Steuereinnahmen in die Staatskasse spülen, einfach ziemlich gastunfreundlich sind.)

Wer also soll das Geld verdienen, auf dem sich die weibliche Hälfte der Bevölkerung während ihrer zwei, drei fruchtbaren Dekaden ausruht? Aber das kennen wir ja schon von dir, dieses fragmentarische Anreißen von Gedankenschnipseln. Während du es angeblich vorziehst, in Zukunft schön zu Hause zu bleiben, um in salopper Hausgarderobe durch deine Villa zu streifen, auf der Suche nach Nuckelflaschen und Lieblingsteddys, würde ich dir am liebsten weiter auf den Zahn fühlen und zwar zu Punkt b.) deiner Theorie.

Zurück zu den Reichen: Wieso schmieden alle Luxushausfrauen zwischen Hamburg und München Pläne, wie sie durch »etwas Eigenes«, sprich durch Arbeit und Selbstverwirklichung der inneren Einöde entfliehen können? Warum kriegen sie Depressionen in ihrem Trott, warum wird der Überfluss zum Überdruss? Warum sind die Frauen mit Hauspersonal, Kindermädchen, Chauffeur und täglichen Friseurterminen ihres Daseins überdrüssig? Warum hält es sie nicht daheim in ihren Anwesen, warum eröffnen sie eine Boutique, einen Schmuckladen, warum jobben sie weiter als Model, warum heimsen sie Werbeverträge ein, züchten Pferde, machen in Immobilien oder richten Villen ein?

Könnte es vielleicht sein, dass zur Würde des Menschen ein Mindestmaß an Bestätigung gehört? Wäre es denkbar, dass ein zivilisierter Mensch mehr will, als sich in eine warme Ecke zu hocken und darauf zu warten, dass er stirbt? Und die Kinder drehen doch auch durch, wenn eine untätige Supermom ihren eigenen Ehrgeiz auf die Sprösslinge überträgt und sie zu Musterstrebern dressiert.

Irgendwann kommt der Tag, an dem auch den Damen der Gesellschaft die Palastdecke auf den Kopf fällt und ihr Dasein nur durch Selbstverwirklichung Sinn erfährt.

So sagte mir jüngst eine der reichsten Frauen Hamburgs (und das will was heißen): »Ich dachte immer nur: ›Warum darf der jetzt mit seiner Aktentasche raus, und ich muss den ganzen Tag hier sitzen?‹ Ich habe heulend dagesessen, und mein Mann sagte: ›Das ist ja nicht auszuhalten mit dir, geh bloß wieder arbeiten!‹«

Hast du schon mal darüber nachgedacht, dass deine Thesen nicht im Geringsten dem Test der Realität standhalten? Ein finanziell sorgenfreies Leben führen zu können war für Menschen mit einer Mission nie ein Motiv, die Arbeit einzustellen, im Gegenteil. Sie arbeiten alle, die Superreichen! Von Paris Hilton bis Donald Trump, von Verona Pooth bis Thomas Gottschalk, von Günther Jauch bis Bill Gates! Die Konten sind längst gesättigt, aber es ist die Gestaltung einer Aufgabe, die Herausforderung, die Freude daran, Probleme zu lösen!

Und ich will mich hier gar nicht an den Überfliegerkarrieren dieser Welt festmachen. Das kann auch der prachtvolle Gemüsegarten sein, der zum Lebensinhalt einer Frau auf dem Dorf wird, der »Driving Mum«-Service, den eine Nur-Hausfrau aufbaut, um eine Dienstleistung für berufstätige Mütter anzubieten, die Malteserzucht einer Bäuerin, die handgearbeiteten Weihnachtskarten, die es vom Schulbasar in den Geschenkeshop schaffen werden. Der eigene Kick, sei es die eigene Würstchenbude, die Klavierstunden, der Blumenladen, die Abendschule, die Aerobic-Kurse, die man gibt, egal, was zählt, ist ein eigener Bereich beruflicher Entfaltung.

Was bringt es einem Kind, den ganzen Tag auf dem Schoß einer total frustrierten Mutter zu sitzen, die eigentlich wieder arbeiten gehen möchte?

Moderne Frauen arbeiten gerne, und Mütter können sich nicht vorstellen, den ganzen Tag zu Hause zu sein. Eine, die es jahrelang gemacht hatte, sagte mir eines Tages: »Ich war sechs Jahre Nur-Hausfrau, und ich dachte, ich drehe durch. Es ist auf Dauer todlangweilig. Ich kam mir vor wie lebendig begraben! Der Frust hat sich natürlich auch auf die Familie übertragen. Meine Arbeit wurde als Selbstverständlichkeit betrachtet, und ich war Küchenschabe und Hausmeisterin zugleich.«

Der Beruf ist eine extrem wichtige Quelle der Inspiration und Lebensverwirklichung!

Klar, das Leben begann ja auch mit einem Wettlauf! Jeder Mensch kann zumindest von sich behaupten, als Gewinner angefangen zu haben: Schließlich sind wir alle von 100 Millionen Spermien das schnellste gewesen!

Ich höre dich schon wieder predigen: Warum immer alles vom Staat erwarten? Warum nicht *»einen ehrenamtlichen Obst- und Brötchendienst für die große Schulpause«* organisieren, *»wenn wir feststellen, dass die meisten Kinder einen Schokoriegel statt eines Pausenbrots dabeihaben?«* (S. 258)

Ach Hasilein, du bist aber auch ein Dummerle! Für dich war der Alltag einer Mutter doch immer nur ein schöner Werbespot! Weil die Kiddies untereinander dein Ziegenkäsevollkornbrot gegen das Brausepulver ihres Kumpels tauschen! Weil sie deine Banane hinter den Schrank schieben und den Müsliriegel im Blumentopf verstecken! Weil auf Schulhöfen gedealt wird, und zwar mit Zucker!

Dich möchte ich am Schultor mit der Tofustulle hängen sehen! Du glaubst tatsächlich, dass du eine Horde Kinder mit einer Mandarine glücklich machen kannst? Dann geh nach Afrika! Eines Tages wirst du dankbar sein, wenn wenigstens das gegessen wird, was im Fernsehen gesungen und getanzt hat!

Aber du wärest nicht Eva H., wenn du nicht noch weiter gingest und dich selber immer wieder selbst übertreffen würdest! Und so gelingt es dir, mich arme Verblendete abermals zu überraschen!

Als oberste weibliche Mission rufst du aus: »*Die Gestaltung eines Heims, einer Partnerschaft, in der wir an der Seite eines Mannes segensreich wirken können, das Leben in einer Familie mit Kindern [...] – all das ist wichtiger als das quietschende Hamsterrad.*« (S. 45). Schmusebäckchen, wovon soll denn das Heim gestaltet, das Reihenhaus umgebaut, die Terrasse erweitert und der Tisch gedeckt werden, wenn das Hamsterrad nicht läuft? Das eine bedingt doch das andere, verstehst du? Männer verlieren heute manchmal sogar den Job – hast du davon schon gehört? Oder Frauen verdienen mehr als der Mann, aber pardon, natürlich nicht in deiner Welt. Da wirkt man segensreich, indem man kocht, bügelt, einkauft, aufräumt und den Rücken freihält. Und das war's dann.

Bis eines Tages Papi nach dem Sport mit den Kumpels in der Umkleidekabine verlauten lässt: »Wir haben uns gar nichts mehr zu sagen, sie hat ja auch keine Erfahrungswerte, entwickelt hat sie sich auch nicht, ich will sie nicht im Regen stehen lassen, aber da ist nichts mehr, was uns verbindet ... wenn die Kinder nicht wären ...!«

Wie viele Sekretärinnen so ein Mann wohl hat? Wie viele von denen er wohl schon gehabt hat? Zur Not tut's auch die Yogalehrerin im Fitness-Center, eine flotte Außendienstmitarbeiterin oder die Friseurin – wer sucht, der findet! Und solange Mutti daheim nichts mitkriegt, ist die Ehe »intakt«.

Manchmal mache ich mir wirklich Sorgen um dich, Evalein! Weil es immer alles am Ende nicht stimmt und in eine Sackgasse führt, was du uns da an Überdosis verabreichst. Du empfiehlst uns Frauen also nicht nur den Sozialfall als Rollenmodell, sondern du plädierst für die totale Abhängigkeit. Mein Mann und Ernährer, der Familienvorstand, in dessen Hände ich mein Wohl und Wehe, mein Glück, meine Zukunft und mein Leben lege, wird's schon für mich richten.

Weißt du eigentlich, dass in dieser Kategorie unterdrückter Hausfrauen Hunderttausende Tranquilizer nehmen? Dass für die Pharmaindustrie die nicht berufstätige Hausfrau als größte Zielgruppe die Säule des Psychopharmaka-Marktes ist? Die Frau, die sich eines Tages nicht mehr befreien kann, die so geschwächt ist, so mit dem Rücken zur Wand steht, so in der Abhängigkeit gefangen lebt, dass sie ruhiggestellt werden muss, damit ihre Depressionen nicht den normalen Familienablauf stören. Was meinst du wohl, du Anführerin der »Zurück an den Herd«-Ideologie, warum die Mehrzahl aller Blutbäder eine Familientragödie zum Hintergrund haben? O.k., du magst jetzt auf den Einzelfall verweisen, aber die Statistik belegt, dass es zwar ein Extrem-, aber kein Einzelfall ist! Mama serviert Schweinebraten, sitzt um neun am Bett, singt »Der Mond ist aufgegangen« und hält sich das Gröbste mit ein paar Glücklichmachern vom Hals – das ist kein Einzelfall, das ist am Ende für Mutti der Normalfall! Und wenn man diese Mutti fragt: »Wie geht's?«, antwortet sie unter Garantie: »Danke, sehr gut!«

Ich gebe allerdings zu, dass ich, während ich dein Buch so lese, inzwischen auch fast zu Tabletten greife, denn der Leichtsinn, mit dem du hier mal eben schnell große Volkswirtschaft aus dem Ärmel schüttelst, macht mir Angst. Ich glaube echt, wenn ich dieses Buch zu Ende gelesen habe, werde ich Alkoholikerin sein, denn nüchtern ist dieser Unsinn nicht zu verkraften.

Deine letzte Weisheit in Sachen »böser Arbeitsmarkt« ist die: einfach mal die *»Hochphase der Erwerbstätigkeit von Frauen einfach zehn Jahre nach hinten zu schieben«*. (S. 255)

Also das ist eigentlich der erste Lacher, den du mir entlocken kannst!

Meinst du im Ernst, ein 23-jähriger Personalchef gibt dir wieder einsteigenden Endvierzigerin mit null Berufserfahrung den Job, wenn er stattdessen drei Dutzend erfahrene Männer unter 28 zur Auswahl hat? Und willst du, wenn du es doch endlich geschafft hast, ein unbezahltes Praktikum zu ergattern, vom 18-jährigen, gepiercten Azubi zum Kaffeekochen abkommandiert werden? Um dir dann vier Wochen lang im stickigen Kopierraum die Beine in den Bauch zu stehen? Oder gleich vom 26-jährigen Bezirksleiter gefeuert werden, weil du mal wieder mit der neuen PC-Software komplett versagt hast? Geschweige denn, dass du überhaupt die komplizierte Telefonanlage bedienen kannst. Denn damals, vor 27 Jahren, als du deine Ausbildung absolviert hast, da gab's ja sogar noch Wählscheiben!

Heute verwelkt Wissen schneller als ein Kopfsalat. Und wer nicht am Ball bleibt, sich weiterqualifiziert, der hat keine Chance auf einen Wiedereinstieg! Abgesehen davon, dass dich nach deiner 27-jährigen Babypause keiner mehr gebrauchen kann – willst du allen Ernstes als Berufsanfängerin angetrabt kommen, die Büro-Oma geben und mit dem Lohnstreifen einer Auszubildenden nach Hause gehen, wenn du haarscharf an der werberelevanten Zielgruppe der 39-Jährigen vorbeischrammst?

Da fallen in Talkrunden mit dir Äußerungen wie: Wenn die Frauen wieder daheim bleiben, hätten wir keine fünf Millionen Arbeitslose mehr! Und mit diesen Parolen willst du das Heil verkünden und die Umkehr predigen? Sobald es bei dir argumentativ eng wird, sind die Frauen an allem schuld. Mal sind es die Ossis, die nur kosten und nichts bringen, die durch die organisierte Krippenpolitik ausnahmslos seelisch verkrüppelt sind, dann sind es die Ausländer, welche Arbeitsplätze wegnehmen, einmal sind es die Alten, die den Löffel nicht abgeben wollen, schlussendlich sind es egoistische Karrierefrauen, die die Männer vom Arbeitsmarkt drängen und obendrein durch ihren »Gebärstreik« für alles als Sündenböcke herhalten müssen. Wäre Planet Eva ein Schiff, wärest du am Steuer und die Frauen wären die Heizer unter Deck! Und dein Treibstoff ist das schlechte Gewissen! Es hat dich »fertiggemacht«, und du sagst dir, warum sollen die anderen davon verschont bleiben?

Schnuffelchen, entspann dich! Was sich vor dir auftut, ist doch sonnenklar: Die Umstrukturierung der Gesellschaft rüttelt langsam die Menschen wach, denn des Deutschen ach so höchste Werte wie »Sicherheit« und »Altersversorgung« haben sich als Illusion entpuppt. Die Seifenblase, das Leben mit einer »Garantie« versehen zu können, ist zerplatzt. Das zwingt früher oder später jeden zum Umdenken. Aber Umdenken ist unbequem und geht folglich meistens mit Panikmache einher. Und auf der Welle der Panikmache, meine liebe Eva, da reitest du ganz oben drauf. Die generelle Verunsicherung ist die Kerbe, in die du reinhaust! Du trägst alle offenen Fragen auf dem Rücken der Frauen aus. Und damit schließt sich bei dir der Kreis, denn du kommst wieder bei dir an: beim Profit! Deine »Zurück ins Haus«-Parolen sind reine Geschäftemacherei! Aber dazu sagen wir sieben Millionen berufstätige Mütter und leidenschaftliche Karrierefrauen nur: »Was schert es die Deutsche Eiche, wenn ein Schwein sich daran schabt?«

5. Warum Eva Herman Angst vor Ossis hat oder: Die Last der Mutterrolle

Eva H. sagt:

- *»Kaum anderswo in der zivilisierten Welt ist es um Kinder derartig schlecht bestellt wie bei uns.«* (S. 29)
- *»Babys, die wenige Monate alt sind«, werden »in fremde Hände gegeben«, weil die Mutter wieder arbeiten geht.* (S. 29)
- *Alle kindlichen »Rechte auf Bindung und Nähe zu den Eltern werden missachtet«.* (S. 29)
- *Was »Sprache, soziales Verhalten und selbst die motorische Entwicklung betrifft«, da seien zu Hause betreute Kinder »ihren Altersgenossen aus den Krippen weit voraus«.* (S. 128)
- *Psychologen weisen darauf hin, »dass besonders die Erziehungsmethoden der* DDR *bis heute Spuren hinterlassen haben«.* (S. 119)
- *Laut einem Kinderarzt leben die Menschen in der* DDR *»wie auf einem anderen Stern. Empathie und Einfühlungsvermögen sind Fremdwörter, die von den meisten Menschen gar nicht verstanden werden.«* (S. 122)
- *»Alles in allem«, schreibt eine Betroffene an Eva, »sind wir Menschen in der ehemaligen* DDR *zutiefst gestört.«* (S. 123)

Die sympathische Moderatorin Andrea Kiewel beschreibt auf ihrer Homepage ihr Aufwachsen in der DDR so:

»Es war sicher nicht alles so bunt und unglaublich angesagt, aber irgendwie spielte das in der ehemaligen DDR keine Rolle. Familie, Freunde, Nachbarn waren wichtiger. Es gab eine Nähe und ein Vertrauen, was ich heute, im ›Westen‹ lebend, manchmal vermisse. Damals war es nicht so wichtig, wie einer aussah – wir sahen ja eh alle gleich aus –, es war viel wichtiger, wie einer war.«

Wunderbare Worte von einer Frau, die nach der wissenschaftlichen Apfelkuchenlehre des Eva-Prinzips zutiefst gestört sein müsste, da sie in ihrer frühkindlichen Erziehung der Folter der Krippe ausgesetzt war, die ein ganzes Land »traumatisiert« hat.

Die schlechtfrisierte Blondinendarstellerin Frau H. widmet ein ganzes Kapitel des Eva-Prinzips ihrer destruktiven Apfelkuchenerkenntnis, *»dass besonders die Erziehungsmethoden der DDR bis heute Spuren hinterlassen haben«* (S. 119) und dass die DDR ein Land war, in dem *»Empathie und Einfühlungsvermögen [...] Fremdwörter«* waren (S. 112). Ohne jegliche Ressentiments stempelt die selbsternannte Heilsbringerin die Bürger der Ex-DDR kollektiv als ein Volk von »Seelenkrüppeln« ab.

Und das, obwohl sie in diesem Land weder jemals selbst in einer Krippe war geschweige denn diese Kitas von innen gesehen hat.

Doch ihre Unwissenheit hält Eva H. nicht davon ab, darüber zu schreiben, wie es in Ostkrippen zuging. Da wird etwas behauptet, und darauf folgt ein *Basta*!

So was nennt man unseriös. Es ist genauso unseriös wie der Rest der Lügen und Gemeinheiten, die Eva H. in ihrem Pamphlet verbreitet. Da verdammt sie die Hälfte ihres »Vaterlandes« als »Seelenkrüppel«, und keiner regt sich darüber auf! Die Schlagzeile, dass Frauen zurück an den Herd sollen, hat eine bundesweite verkaufsfördernde Kampagne ausgelöst, aber dass knapp ein Viertel der Bürger unseres Landes durch Ostkrippenfolter als meschugge abgestempelt wird, erntet nur ein Achselzucken. Wieso darf Frau H. das? Warum klagt dagegen keiner? Weil Eva H. sich in der diffusen Grauzone zwischen Kriegsvokabular, Skandalisierung, Verlogenheit, Unseriosität, Narrenfreiheit und Mitleid bewegt.

Wenn die selbstverliebte Missionarin der Mütterlichkeit ihre Anti-Ost-Parolen gegen Schwarze verfasst hätte, wäre sie nicht mehr lebend aus Berlin-Mitte herausgekommen. Aber da niemand diese Suada zwischen Steinzeitkeule und Mutterkreuz für Ernst nimmt, lässt man ihre abnormen geistigen Absonderungen mit einer Mischung aus Mitleid und Achselzucken gewähren. Nicht nur, dass sie als Klageweib mit der Schnulze »Hilfe, wir sterben aus« auf Tour geht, sie veranstaltet dazu auch noch einen Veitstanz, wenn die geborenen Kinder von Alleinerziehenden oder »Zonis« stammen.

Lassen wir doch anständigerweise mal eine zu Wort kommen, die das Schreckgespenst des Herman'schen Paralleluniversums, nämlich die emotionstötende »Ostkrippenfolter«, miterlebt hat: Ich lernte Andrea Kiewel bei der beliebten Comedy-Sendung »Blond am Freitag« kennen. Erstaunlicherweise ist die Zahl der Prominenten, mit denen ich mich anfreunde, immer noch größer als die, über die ich erfolgreich lästere. Und so hat mich

Kiwi nicht enttäuscht, als ich sie bat, zwecks Bereinigung des enormen Flurschadens, den Eva H. hinterlassen hat, mir Rede und Antwort zum Thema Ostkrippe zu stehen.

Wie sich dabei herausstellte, war das politische Interview im Grunde schon immer meine wahre Berufung:

D. N.: Liebe Andrea, du bist am 10. 6. 1965 in Berlin-Hellersdorf geboren, wann kamst du in die Krippe?

A. K.: Ich war gut zehn Wochen alt, also im August 1965. Meine erste Erzieherin hieß Tante Waltraud und trug Schwesternkittel und Häubchen.

D. N.: Fiel deiner Mutter die Entscheidung, dich der Fremdbetreuung zu überlassen, schwer?

A. K.: Im Gegenteil, meine Mutter war heilfroh, dass sie mich in die Krippe geben konnte, denn sie wollte arbeiten gehen. Es machte ihr einerseits Spaß, und andererseits waren meine Eltern dringend auf beide Gehälter angewiesen, um die Miete für die Dreiraumwohnung bezahlen zu können. Obwohl ich für meine Eltern ein langersehntes Wunschkind war, stand es fest, dass meine Mutter baldmöglichst weiterarbeiten würde.

D. N.: Wie sah der Krippenalltag für dich als Baby aus?

A. K.: In die Krippe brachte mich mein Vater morgens um sieben, gegen 17 Uhr wurde ich abgeholt. Ich kann mich nur noch an den Karren erinnern, in den wir gesetzt wurden, wenn wir spazieren gingen.

D. N.: Was ist dran an dem von Eva H. strapazierten Klischee von der schrecklichen Ostkrippe?

A. K.: Meine Eltern waren sehr zufrieden mit der Krippe. Sie war nigelnagelneu, 15 Kinder in einer Gruppe, und Tante Waltraud war eine staatlich geprüfte Krippenerzieherin. Mit drei Jahren ging ich nahtlos in den Kindergarten über und war das glücklichste Kind der Welt. Ich konnte den ganzen Tag mit Freunden spielen, wir haben gebastelt, gesungen und gemalt, und wir haben auch keine Erich-Honecker-Kampflieder lernen müssen.

D. N.: Wodurch fand der Sozialismus in eurer Erziehung denn Ausdruck?

A. K.: Darin, dass die DDR es gut mit uns meinen würde und wir den anderen und überhaupt viel in der Gemeinschaft helfen mussten: Tisch decken, Geschirr wegräumen, Betten aufbauen, kleinen Kindern die Schuhe zubinden. Es ging mehr um das »wir« als um das »ich«. Die soziale Intelligenz wurde großgeschrieben in der Erziehung in der DDR. Es wurde dadurch vermittelt, wie schön es ist, für andere da zu sein und anderen eine Freude zu machen.

D. N.: Wie lief das sogenannte Toilettentraining ab?

A. K.: Wir wurden am Anfang zu festen Zeiten auf die Toilette gesetzt. Ab fünf Jahre ging man, wenn man musste.

D. N.: Was empfindest du, wenn du zurückdenkst?

A. K.: Für mich war es eine sehr, sehr glückliche, sorglose Zeit! Ich halte es für sehr wichtig, dass Kinder spätestens ab dem 3. Jahr den Kindergarten besuchen, denn die Gruppenfähigkeit, das Spielen, die Musik, die Lernförderung können Eltern zu Hause gar nicht bieten. Wir wurden von Anfang an zu teamfähigen Mitgliedern einer Gemeinschaft erzogen.

D. N.: Stimmt das Klischee des schlecht ausgebildeten Kitapersonals?

A. K.: Die Betreuerinnen absolvierten ein dreijähriges Fachstudium, mussten ein Instrument spielen können und sportlich sein. Ich habe meine Erzieherinnen heiß und innig geliebt, und als meine Oma starb, habe ich sogar drei Tage bei meiner Kindergartentante gewohnt, weil meine Eltern zur Beerdigung fuhren. Das Füreinanderdasein und Sich-um-den-andern-Kümmern war in der DDR ausgeprägter, ich vermisse das heute oft.

D. N.: Wie hast du die Betreuung bei deinem kleinen Sohn Johnny (fünf) geregelt?

A. K.: Er ist ab drei in den Kindergarten gegangen und tat sich anfangs sehr schwer, weil es zu spät war. Ich hätte ihn lieber schon früher halbtags hinbringen sollen, Krippe wäre auch o. k. gewesen, wenn die Erzieherinnen eine richtige Ausbildung haben und die Krippe freundlich ist.

D. N.: Was sagst du zu Eva H.s Unterstellungen, die »Ostkrippenopfer« wären seelisch verkrüppelt?

A. K.: Ich erlebe nach wie vor in den sogenannten »neuen Bundesländern« eine viel größere Herzlichkeit, Offenheit und Wärme bei den Menschen, und von denen sind mit Sicherheit 95 % ehemalige Krippenkinder. Mir tut Eva H. leid! Mit fast 50 festzustellen, das größte Glück im Leben, nämlich Kinder und Familie, für die Karriere geopfert zu haben, muss frustrierend sein.

D. N.: Ich glaube auch, dass Eva H. mit aller Gewalt ihre Biographie öffentlich korrigieren oder rechtfertigen will. Es sind ja auch so dumme Argumente. Da sagt sie zum Beispiel, sie müsse es ja wissen, weil sie das Hamsterrad erlebt habe und es ein Fehler war. Als ich neulich Sarah Wiener traf, sprachen wir darüber, dass dieses Modell der Nur-Hausfrau und -Mutter doch gar nicht mehr funktioniert. »Woher nimmst du die Gewissheit?«, fragte ich, und Sarah verwies auf die gleiche Erfahrung wie Eva H., nur mit anderem Ergebnis: Sie hat einen Sohn, war alleinerziehend und hat jedes Rollenmodell durchlebt, auch das der traditionellen Hausfrau. Ihr Fazit: Frauen sollten sich auf keine Position einlassen, in der sie vom Mann abhängig sind. Sie sagte: »Ich glaube, dass Frauen, die sich als Nur-Hausfrau tarnen, oft einfach nicht gewillt sind, die Konsequenzen für ihr eigenes Leben zu übernehmen.« Hältst du Kinder und Karriere zugleich für realisierbar?

A. K.: Genau deshalb gehe ich ja auch »nur« arbeiten! Das Wort »Karriere«, was Frau H. so eifrig strapaziert, gibt es in meinem Wortschatz überhaupt nicht. Ich achte pedantisch darauf, dass ich mehr Zeit mit meiner Familie verbringe als mit meiner Arbeit. Ich renne auch nicht auf jede Party, wie es Frau Herman immer gern gemacht hat. Noch immer sucht sie das Licht der Öffentlichkeit, nur jetzt statt Tages- in Talkshows! Ich würde immer dafür kämpfen, dass Frauen trotz der Kinder arbeiten sollen und dürfen. Und genauso o. k. ist es, wenn eine Frau zu Hause bleibt! So ist eben das Leben – es gibt kein Patentrezept!

D. N.: Liebe Kiwi, gut dass wir mal darüber gesprochen haben!

A. K.: Vielleicht hätten Frau H. zwei Jahre in der DDR-Krippe gut getan, dann wäre sie nicht so egomanisch mit ihrer TV-Karriere beschäftigt gewesen, um mit Ende 40 frustriert zu erkennen, dass dies ein Fehler war.

D. N.: Vielen Dank für das Gespräch, Frau Kiewel!

Nun ja, die kleine Nische, in der Frau H. nistet, ist prozentual gesehen deckungsgleich mit der extremistischer

Parteien. Aber leider ist ja nie das Gesunde eine Meldung wert, sondern das Pervertierte. Daraus ergibt sich Eva H.s mediale Existenzberechtigung.

Tröstlich zu wissen, dass sich Bücher in die Ecke werfen lassen! Eine Zeitung kann man abbestellen und ein Theater in der Pause verlassen. Leider bleibt der Hinweis, dass sich ein Fernseher abschalten lässt, zynische Theorie! Das Hirn des modern-verbildeten Menschen steht kurz vor der Mutation, denn es ist nach einem festen Rhythmus auf das eingeschaltete Fernsehgerät programmiert und stellt sich wie ein Pawlow'scher Hund vorm Bildschirm auf »Genussbereitschaft« ein. Somit wird selbst die grausigste Mitteilung positiv gewertet, nämlich als Erfahrung eines »gemütlichen Fernsehabends«.

Leider hat sich in das Bewusstsein einer ganzen Nation Eva H. als Verkünderin blonder Katastrophen eingebrannt, denn das Hirn des gemeinen Fernsehkonsumenten tickt ab 20 Uhr anders: »Nachrichten!«, gemahnt uns die innere Stimme, und egal, wo wir uns gerade befinden, erklingt in einem Hinterstübchen unseres Unterbewusstseins pünktlich die Erkennungsmelodie der Tagesschau. Auf einer Zeitskala trifft der Mauerfall mit den Gründerjahren der Herman'schen TV-Karriere zusammen. Ich sehe heute noch die Bilder vor meinem geistigen Auge, wo Eva im Dirndl die Anmoderation der Kastelruther Spatzen von ihrer Karte liest.

Hat es die Volksmusikmoderatorin Eva H. etwa traumatisiert, dass die noch viel beliebtere »Ostlerin« Carmen Nebel ihr den ganz großen Volksmusik-Coup vor der Nase weggeschnappt hat? Für eine Millionengage wurde Evas ehemalige ARD-Kollegin vom ZDF als Königin aller volkstümlichen Formate abgeworben, um sich seither dort als strahlende Queen und nebenbei alleinerziehende Mutter in der TV-Landschaft zu profilieren.

Carmen Nebel und Andrea Kiewel sind absolut sympathische, alleinerziehende (!) Karrierefrauen aus dem Osten, logischerweise also Feindbilder für Planet Herman.

Doch damit nicht genug: Zu allem Überfluss gibt es in Evas unmittelbarem Kollegenkreis ja noch eine hochseriöse Polit-Talkerin, die ein ganzes Land durch ihre Substanz in den Bann zieht und auch auf wundersame Weise die *»mangelnde Liebe und Zuwendung in der Kindheit«* (S. 122) überlebt hat: Maybritt Illner, die mit ihrem gelassen-ironischen Ton »ungezogene« Politiker an die kurze Leine zu nehmen vermag.

Diese drei DDR-Opfer hätte Eva H., bevor sie Dreck über das halbe Land auskübelt, doch mal auf ihre Terrasse zum Apfelkuchen einladen sollen! Klar, dass man mir entgegnen mag, dies seien drei Ausnahmekarrieren. Da gebiete ich Einhalt, denn auf jede dieser drei Vorzeigefrauen kommen Tausende, ja Hunderttausende, die ihnen in nichts nachstehen und nur aufgrund ihres beruflichen Wirkungskreises nicht medial in Erscheinung treten. Eine Anwältin, Ärztin, Apothekerin, Wissenschaftlerin, Trainerin, Lehrerin, Journalistin, Köchin, Kosmetikerin, Autoverkäuferin, Optikerin, Graphikerin, Geschäftsfrau oder Managerin hat einfach nicht die mediale Plattform und profiliert sich nur unter Ausschluss der breiten Öffentlichkeit. Es ist nun mal der Moderationskarriere zu eigen, dass diese Arbeit sofort Millionen Menschen erreicht.

Doch 17 Jahre nach der Wende überhaupt Menschen

in die Kategorien Ost und West einzuteilen, gestatte ich nur Leuten, die zuvor die »Wessis« in Nord und Süd separiert haben. Wer mit einem Ostfriesen und einem Bayern am Tisch sitzt, wird eine ebenso große Kluft feststellen können wie zwischen einem Sachsen und einem Helgoländer. Garmisch-Partenkirchen und Norderney haben eine ebenso unterschiedliche Gangart wie Weimar und Rügen. Das hat mit dem Sozialismus gar nichts mehr zu tun. Doch um ihre abstrusen Theorien zu stützen, bedient sich die Erfinderin der Apfelkuchenthesen perfider Strategien: Sie macht a.) Müttern, die ihre Kinder in die Krippe geben, ein schlechtes Gewissen, und sie erweckt b.) in rassistischer Manier Vorurteile gegen halb Deutschland.

Ich habe mit diesem Buch das Privileg und den Auftrag, Eva H. zu kritisieren. Daher erlaube ich es mir, mich ihrer eigenen Denkmuster zu bedienen und sie als »Rabenmutter« zu outen. Eine Frau mit sechs Berufen, die ihre vielfältigen abendlichen Verpflichtungen von Stunde null an um die Bedürfnisse ihres eigenen Kindes herumdrapiert hat und skizziert, dass sie ihr Kind schreiend der »Fremdbetreuung« überlassen musste, fiebrig in fremde Hände gab und verstört und leidend zurückließ (S. 17). Schon der Gang zum Kindergarten war offensichtlich immer ein Problem: »*Welche Mutter kennt das nicht? Schon beim Anziehen weint das Kind, ist nervös oder auffällig still, weil es nicht in die Krippe möchte. Jeder Schritt dorthin wird zur Tortur.*« (S. 99)

Komisch, wo sie doch ein »Wessi« ist. Die Schilderung der Kindergartenroutine, die hier Eva H. allen Müttern als bekannt unterstellt, ist mir fremd. Mütter und Familien, bei denen der Kindergarten oder die Tagesmutter, am Ende sogar die Existenz des Kindes und dessen Versorgung zu einem einzigen Problem werden, haben generell in ihrem Leben das Problem, Probleme in den Griff zu kriegen. Am Ende bekommen sie dann damit ein Problem, dass das Problem, das sie haben, zum Problem wird. So rankt sich eins ums andere, und das ursächliche Problem, das in der inneren Beziehung zum Kind, zu sich und zum Leben liegt, wird verschüttet und ist längst nicht mehr das, um dessen Lösung es geht. Die von Eva H. schamlos als »normal« beschriebene Situation ist die Situation einer Frau, die ihre Mutterrolle als Last empfindet.

Wenn man all die Unannehmlichkeiten dieser Last addiert, bleibt am Ende eben »die böse Fremdbetreuung« als Feindbild übrig.

Ich selbst wuchs behütet in einem alleinerziehenden, großfamilienähnlichen Frauenhaushalt auf: als Kleinkind umgeben von Uroma, Oma, Tante und Mutter, später dann unter der Obhut von Mutter und Oma. Es wäre meiner Familie nie eingefallen, mich in eine Kita zu bringen. Dies ging so lange, bis ich im zarten Alter von drei Jahren vehement den Kindergarten verlangte. »Andere Kinder«, das war mein Motto, und wonach ich verlangte, war die Sozialisierungsmöglichkeit im Kreise Gleichaltriger. Ich wollte sein »wie eine ganz normale Familie« und habe überall Kinder gesehen, die mit Rucksack oder Dreirad zum Spielen unterwegs waren und den Vormittag über von »Tanten« unterhalten werden. Dort durfte ich alles, was zu Hause unmöglich war: mit Fingerfarben Fensterscheiben bemalen, riesige Bastelprojekte mit absonderlichen Materialien gestalten, in Kindergemeinschaft essen, kleckern und teilen.

Ebenso geschah es mit meinem eigenen Sohn! Schon im Krabbelalter blieb er wie angewurzelt stehen und streckte beide Ärmchen aus, wenn eine Kindergartengruppe auf dem Spielplatz erschien, wenn eine Horde Gleichaltriger uns im Zoo begegnete, wenn er das Erlebnis haben durfte, einige Stunden des Tages getrennt von unserer Häuslichkeit »alleine« verbringen zu dürfen. Mein Sohn wurde gehütet wie ein Augapfel, und bei uns galt immer »Bald *darfst* du auch in den Kindergarten gehen«, worauf er dann so stolz war, als wäre es ein wichtiger Termin. Wenn Kinder unter Kindern aufwachsen, sind sie sozial weiter entwickelt als andere. Sie lernen von Anfang an Rücksicht zu nehmen und gucken sich vieles voneinander ab. Die Jüngeren lernen von den Älteren.

Wieso sollten Kinder, die unter pädagogischer Anleitung den ganzen Tag Anregungen bekommen, in der Entwicklung hinter Kindern zurückstehen, die den ganzen Tag im Haushalt zwischen Bügelbrett und Waschmaschine herumkrabbeln, wenn Mutti ungestört telefonieren will, vor den Fernseher gesetzt werden und mit Babysprache zugetextet werden? Seit der PISA-Studie wissen wir: Noch nie hatten deutsche Haushalte gebildetere Mütter, und noch nie waren deutsche Schüler so dumm! Fakt ist, Kinder, die früh in Kitas betreut werden, sprechen früher und haben bessere Schulnoten. Es ist kein lernfreundliches Umfeld, immer nur unter Mamas Fittichen zu hocken.

Eva H. leugnet schlichtweg die Fakten und suhlt sich in einem Horrorszenario schlecht ausgebildeter Betreuer in einem lieblosen Aufbewahrungsklima. Es steht jeder Mutter frei, sich eine Betreuungsstätte zu suchen, die ihren Ansprüchen gerecht wird. Niemand kann mit einem Montessori-Kindergarten schlechte Erfahrungen machen, auch Eva H. nicht.

Mir sind sogar engagierte Nur-Hausfrauen bekannt, die sich den Luxus erlauben können, in Eigenregie so etwas wie einen autonomen, privaten Kindergarten zu führen, was ich für ein phantastisches Engagement halte. Eine Köchin, junge Pädagoginnen, ehrenamtliche Mütter, private Spenden, die genau das Umfeld erschaffen, welches sich diese Mütter wünschen und welches sich aus den angepassten Beiträgen finanziert. Im Eva-Prinzip wird auf jeder Seite darauf verwiesen, dass die Menschen sich generell zu sehr auf den Staat verlassen! Warum organisiert sie selbst dann nicht mit ihren Möglichkeiten als Promimutter Kindergartenkonzepte, die qualifizierter sind als die staatlichen, die sie bemängelt?

Als Verfasserin eines solchen Pamphlets hätte Eva H. auch die Aufgabe gehabt, sich über die Erkenntnisse des Max-Planck-Instituts für Bildungsforschung zu informieren. Dort weiß man: »Vollzeitmütter stellen keine optimale Lernumgebung dar.«*

Eva H.s Behauptung: *»Was Sprache, soziales Verhalten und selbst die motorische Entwicklung betrifft, waren Kinder, die in den ersten drei Jahren bei der Mutter blieben, ihren Altersgenossen aus den Krippen weit voraus.«* (S. 128) entspricht ihrem ideologischen Tunnelblick. Auch wenn Frau H. es nicht wahrhaben will: Zu Hause betreute Kinder sind nicht schlauer! Im Rahmen der PISA-Studien wurden in puncto Bildungserfolg bei 15-jährigen deutschen Schülern keine wesentlichen

* Barbara Bierach, *Oben Ohne*, Berlin 2006, S. 217

Unterschiede zwischen »Schlüsselkindern« und Kindern aus traditionell organisierten Familien festgestellt.

Nicht nur, dass ich dem soziologischen Unsinn der Blondinendarstellerin Eva H. zu Recht misstraut habe – jetzt muss sie gleich auch noch verkraften, dass auch ich ein »Ossi« bin. In meinen Adern fließt nichts anderes als sächsisch-thüringisches Blut mit den Überresten jüdisch-russischer Vorfahren! Meine Mutter entstammt einer uralten Weimarer Familie, die anderen Vorfahren sind aus Dresden. Nick kommt von »Nikolajeva«. Ein weiser Mensch wird das auf den ersten Blick erkennen. Wenige Menschen sind weise. In der Welt aber, in USA, Skandinavien, Frankreich, im mediterranen Raum, in England, Afrika, werde ich sofort als Osteuropäerin identifiziert. Keiner weltweit hat mich je für das gehalten, was ich meinem Pass zufolge bin. Ich wäre wirklich die perfekte Auswanderin und habe mich sofort überall integriert.

Es war für meine Weimarer Flüchtlingsfamilie eine Selbstverständlichkeit, dass Frauen arbeiten, so wie bei 95 % aller Menschen in der DDR. Egal ob sie Kinder hatten oder nicht. Dort gab es erst gar keine mühsamen Debatten, ob Frauen Kinder haben dürfen und gleichzeitig berufstätig sein können, überhaupt nicht. Dabei war das Rollenverständnis im Osten durchaus traditionell, in keiner Weise geprägt durch Emanzen, sondern getragen von gleichen Rechten für Männer und Frauen, und zwar als Selbstverständlichkeit.

Die Frauen haben dort immer beides gemacht, sich Familie und Beruf gewidmet, was natürlich extrem anstrengend war. Jedoch haben die staatlichen Betriebe aufgrund dieser Bedingungen alle erdenklichen Erleichterungen für die Mütter geschaffen. In der DDR wurde ja merkwürdig geguckt, wenn die Kinder zu Hause blieben. Wie heute übrigens auch in Frankreich, dem eleganten Land des Charmes und des savoir vivre, wo Frauen suspekt sind, die ihre Kinder zu Hause behalten.

Maybritt Illner, deren Mutter eine großartige Grundschullehrerin in der DDR war, erzählt: »Ich bin ihr wirklich dankbar, dass sie mich nicht mit dieser Affenliebe erzogen hat, der man sich später nur schwer entziehen kann und durch die man quasi ewig der Lebenspartner für die Eltern bleibt. Meine Mutter hätte auch mit zwei Kindern in der BRD ihren Lehrerberuf ausgeübt – vielleicht hätte sie es schwerer gehabt. Vielleicht hätte sie sich als Rabenmutter bezeichnen lassen müssen.«* Hätte sie!

Das ehemalige Dirndl Eva macht ein ganzes Volk quasi zu »Rabenmüttern«. Man gewinnt den Eindruck, sie habe in ihren Feldstudien diese Gattung hauptsächlich im Osten ausgemacht, stellt dann aber fest, dass sich laut Herman die Ausbreitung der Spezies »Rabenmutter« auch auf Wald und Wiese westlicher Regionen erstreckt.

Aber warum unnötig recherchieren, wenn ein Buch sich auch schlampig geschrieben verkauft? Der Vogelkundler allerdings muss an dieser Stelle die Nase rümpfen. Jeder, der sich für Ornithologie interessiert, weiß, dass Rabenmütter gute Mütter sind. In der Frühphase der Aufzucht behüten sie ihre Zöglinge bis zur Selbstaufopferung. Wenn die Zeit gekommen ist, die Jungen flügge sind, lockert sich die Brutpflege. Nun hat sich allerdings die Zucht an die Bequemlichkeit des Ver-

* Thea Dorn, *Die neue F-Klasse*, München 2006, S. 235

sorgtwerdens gewöhnt und bleibt im Nest hocken. In dieser letzten Phase der Aufzucht werden die Rabenkinder quasi pädagogisch motiviert vernachlässigt. Und das nur, damit der flügge werdende Nachwuchs kapiert, dass er nicht länger im Hotel Mama wird verweilen können. Deshalb gibt es immer weniger zu futtern, und das Klima im Nest wird immer stressiger. Schließlich bleibt der Brut nichts weiter übrig, als sich auf die Socken zu machen und selbst für sich zu sorgen. Und wenn sie das nicht freiwillig tun, werden sie eben rausgeschubst!

So wurde den Kindern in der DDR frühzeitig klar, dass eine Mama nicht ständig da ist und es diverse Betreuungseinrichtungen gibt, um Müttern die Berufstätigkeit zu erleichtern. In der DDR konnte man allerdings völlig ohne Probleme in den Beruf zurück! Das Ringen um die nackte Existenz hat eben nicht, wie hier im Westen, den Charakter und die Substanz zermürbt. Da wurde eben gefragt, wann man wieder einsteigen wolle und wie sich das mit den Schichten des Partners kombinieren ließe.

Und dann hat sich der ganze Betrieb danach gerichtet. Es wurde zu Ostzeiten auf Eltern mit Kind in den Betrieben grundsätzlich Rücksicht genommen. Es wurden Voraussetzungen geschaffen, durch die man die Chance bekam, im Beruf zu bestehen. Da wäre die BRD gut beraten, sich vom System des Sozialismus etwas abzugucken.

Es gab in der DDR auch eine bessere Kontrolle durch die Jugendfürsorge. Kinder wurden direkt in den Krippen regelmäßig vom Arzt untersucht. Wenn im wiedervereinigten Deutschland Eltern ihrer Verpflichtung zu Vorsorgeuntersuchungen nicht nachkommen, interessiert das keinen Menschen. Bloß nicht zu viel staatliche Einmischung! Erst wenn das Fernsehen kommt und die

Kinder in der Tiefkühltruhe findet, schreit die Nation entrüstet auf. Auf einem solchen Boden ist eine humane Gesellschaft gar nicht denkbar!

Im gesamten Eva-Prinzip steckt Seite für Seite die Botschaft, dass Kinder etwas Schlimmes seien. In Kombination mit einer berufstätigen Mutter sogar der Anfang vom Ende. Mit so einem nihilistischen Weltbild wird weder jemandem geholfen, noch trägt dieser Ansatz zum Gelingen des Lebens bei. Ich kann verstehen, dass es Menschen gibt, die vom alltäglichen Irrsinn der Erwerbsgesellschaft die Nase voll haben. Auch ohne Kinder und auch als Mann. In stressigen Jobs auszuharren, kann nur getragen sein von der eigenen Leidenschaft. Zu arbeiten und Kinder zu haben, sollte eine Freude sein, auf die man nicht verzichten möchte.

Wenn man sich als Moderatorin aber durch die Woche plaudert, um irgendwie die Sendezeit zu füllen, dann fängt man natürlich an zu zweifeln. Vielleicht hat die von Eva H. gefühlte Berufung zur Hobbysoziologin und Weltretterin auch mit dem Versuch zu tun, einem ohnehin nicht als besonders erfüllend empfundenen Job zu entfliehen?

Überall begegnen mir Frauen, die sich mit Mitte 30 aus dem Berufsleben ins Hausfrauen- und Mutterdasein zurückziehen, nicht um der Kinder willen, sondern weil sie eine Ausflucht suchen. Sie haben schlichtweg genug vom rauen und vor allem unfairen Klima der Berufswelt. Wer dagegen seinen Beruf liebt, wer es mag, unter Menschen zu sein und mit den Kollegen zusammen zu sein, wird Mittel und Wege finden, beidem gerecht zu werden. Maybritt Illner: »Wie man an mir und meinem Bruder sehen kann, war es durchaus möglich, einen

DDR-Ganztagskindergarten zu besuchen und dennoch ein aufrechtes, fröhliches Menschenkind zu werden.«*

Und komischerweise haben diese bindungskranken, gestörten Ossis bis zur Wende auch viel mehr Kinder gekriegt als wir zu Hause betreuten Wessis. Das Kinderkriegen wurde ihnen offenbar erst durch den Kapitalismus als Armutsrisiko vergällt. Was man ja wohl als verantwortungsbewusstes Denken bezeichnen muss. Und die Scheidungsraten waren bei den Ossis vor der Wende auch nicht höher.

Aber laut Eva H. sind doch die Wessis das einzig gesunde Volk weit und breit. Nach ihrer Argumentation müssten wir in Deutschland nur von Seelenkrüppeln umgeben sein, denn ganz Nord- und Westeuropa lassen ja seit Jahrzehnten ihre Kinder fremd betreuen. »Wo steht eigentlich geschrieben, dass die Jugend in Skandinavien oder Frankreich verwahrlost, missraten, vereinsamt, dumm, kriminell, auf dem absteigenden Ast ist, weil die Mütter arbeiten? Nirgends.«**

Doch generell hat Eva H. bei ihrer mit aller Gewalt zurechtgeschusterten Phantom-These umsonst gearbeitet, denn der Oberknaller ist: Die Deutschen geben ihre Kinder ja gar nicht in die Kita!

Ganztagskrippe ab sechs Monaten ist in Skandinavien, Frankreich und den Niederlanden üblich. Für die deutsche Frau stellt es eine Notlösung dar.

Vielleicht sind wir deshalb der PISA-Studie zufolge das bildungsmäßige Schlusslicht Europas? Genauso wie die Apfelkuchenheilsbringerin frech behauptet, dass die

* Thea Dorn, S. 235

** Ursula von der Leyen, *stern* 27/2005

Deutschen aussterben, obwohl wir immer noch im europäischen Mittelfeld liegen, posaunt sie in die Welt, das Land würde verrohen, weil es heute *»eine Selbstverständlichkeit [ist], dass berufstätige Mütter, die ein Kind zur Welt gebracht haben, nach einem kürzeren oder längeren Mutterschaftsurlaub wieder arbeiten gehen. [...] Moderne, aufgeklärte und verantwortungsbewusste Mütter geben ihr Kind ab, ohne sich mit irgendwelchen Sentimentalitäten aufzuhalten.«* (S. 97)

Aber nur 11 % der Kinder unter drei Jahren besuchen in Deutschland überhaupt eine Krippe/Kindergarten! Ingesamt sind von den unter Achtjährigen nur 50 % in Kindergarten oder Hort!* Da muss man doch vermuten, dass die Autorin eine Statistikphobie hat, denn die Grundlagen des gesamten soziologischen Fundamentalwissens werden ignoriert.

Damit basiert die Mutterkreuzphilosophie des gesamten Eva-Prinzips auf utopischen Zahlen, auf frei erfundenen Voraussetzungen. Es ist auf Sand gebaut. Ein Kartenhaus, das zusammenfällt.

Deutsche Mütter schmeißen mitnichten ihre Kinder kaltblütig morgens vor der Kita aus dem Auto, um dann bis spätnachts »auf Arbeit« zu sein. Sie haben bei vier Millionen Arbeitslosen ja gar keinen Job mehr, zu dem sie hetzen können! Wenn sie es doch tun, kommt nach kurzer Zeit das nächste Kind. Und damit, statistisch gesehen, das endgültige berufliche Aus. Auf eine Frau Prof. Dr. Dr. Juliane Kokott, Generalanwältin am europäischen Gerichtshof in Brüssel und Mutter von sechs

* Quelle: Statistisches Bundesamt, *Frauen in Deutschland*, 2006, S. 41

Kindern, kommen eben Zehntausende Frauen, bei denen auf eine Elternzeit die nächste folgt. Und der Wiedereinstieg wird immer unwahrscheinlicher. Das ist Mütterrealität in Deutschland!

Aber die Frau Nick ist ja auch gemein, dass sie ihre Arbeit so gründlich macht und jeden Stein umdreht, um die Wahrheit offenzulegen: Sogar im bösen Osten gehen nämlich die Betreuungszeiten der unter Sechsjährigen seit 1990 jedes Jahr zurück, weil weniger Kinder früh in den Hort geschickt werden und viele Mütter, auch wegen Arbeitslosigkeit, zu Hause sind.*

Und gesetzliche Garantie auf einen Kitaplatz ab drei Jahren meint in Deutschland doch auch nur: Vier Stunden Betreuung täglich, von halb neun bis halb eins. In der Zeit kann man nicht mal Teilzeit arbeiten!

Zwei Fünftel aller Mütter sind nach dem dreijährigen Erziehungsurlaub weg vom Arbeitsmarkt. Sie haben die Chance verpasst, wieder einzusteigen oder können den inneren Schweinehund, sich in der Außenwelt beweisen zu müssen, nicht überwinden. Wenn sie es doch tun, kommt nach kurzer Zeit das nächste und übernächste Kind, und aus drei Jahren Elternzeit werden schnell mal neun Jahre! Das alles ist legitim und steht jedem in unserem freien Land frei. Gefallen lassen muss man sich dafür allerdings die Feststellung, dass man mit dieser Biographie als schwer vermittelbar gilt.

Dass einem während der Elternzeit der Arbeitsplatz freigehalten wird, trifft nur für Festangestellte zu. Was nützt diese Regelung einer Freiberuflerin? Und was ist, wenn der Arbeitsplatz und/oder die Firma unterdessen

* Statistisches Bundesamt, S. 41.

abgewickelt wurde? Wer kommt für mich auf, wenn ich Unternehmerin bin? O.k., neuerdings gibt es als Elterngeld 67 % des früheren Nettolohns ... Aber wie viel kriege ich, wenn ich arbeitslos war, halbtags in der Bäckerei gestanden habe oder nur kurzfristige Arbeitsverhältnisse hatte?

Und nach dem ersten Jahr, wenn kein Kitaplatz zu finden und kein Kindermädchen zu finanzieren ist, muss einen doch wieder der Ehemann unterhalten. Da kann ich ja nur schallend lachen! Was, wenn man keinen Ehemann hat, oder was, wenn der Ehemann sich in den Unterlagen als arm ausweist? Was, wenn der Ehemann nur Schulden hat oder wenn man einen Multimillionär als Partner hat, der vorrechnet, dass er an der Armutsgrenze vegetiert, obwohl er sein Vermögen im Ausland vergraben hat? Was, wenn der Kindsvater ein Maler ist, der nur alle drei Jahre ein Bild verkauft? Was, wenn der Erzeuger Kapitän ist, der keinen festen Wohnsitz hat? Dann kann man nicht einmal einen Gerichtsbescheid zustellen lassen.

Wechselnde Aufenthaltsorte machen jede Form von amtlichen Schreiben unzustellbar. Da zuckt die Sachbearbeiterin nur gelangweilt mit den Achseln. Das Leben ist voll von Varianten und individuellen Situationen, die in diesem bürokratischen Netzwerk nicht vorgesehen sind.

Diesen Fakten zufolge hätte sich Frau H. die Mühe mit dem ganzen Ost-Krippen-Horrorszenario des Eva-Prinzips sparen können. Es ist wie eine erfundene Krankheit. Wie Kalkfraß, den es gar nicht gibt, der aber für Umsatz bei Geschirrspülmitteln sorgt. Wie die von der Pharmaindustrie designte Cholesterinpanikmache, die sich als große Volksverarschung entpuppt hat, Gott sei Dank, nachdem sie Milliarden in die Kassen gespült hat. Wir leben in einer freien Volkswirtschaft. Und das Eva-Prinzip ist ein Buch zum Verkaufen, nicht zum Lesen.

Im Unterschied zu unseren Nachbarländern tragen wir schwer an unserem Erbe: Mutterkreuzphilosophie und die Mär von der Rabenmutter sind im Ausland nämlich gänzlich unbekannt. Während deshalb der Rest der (Fach-)Welt sich darüber einig ist, dass Kinder am liebsten mit anderen Kindern zusammen sind und dass eine frühkindliche Sozialisation unter Gleichaltrigen für ein gesundes Selbstbewusstsein unverzichtbar ist, sieht Eva H. in der Betreuung von Kleinkindern eine Provokation! In keinem anderen Land lassen sich Frauen so bereitwillig auf die Alternative Hausfrau und Mutter *oder* Karrierefrau ein wie in Deutschland! Vor eine solche absurde Alternative gestellt zu werden, können sich die Frauen unserer Nachbarländer nicht mal im Traum vorstellen! Deshalb geben sie auch nicht, wie 35 % aller deutschen Mütter, gleich ihren Job auf, wenn sie Kinder kriegen.

Theoretisch haben Frauen in Deutschland die gleichen Chancen wie die Männer, aber in der Praxis ziehen sie die kuschelige Kleinfamilie der brutalen Welt des Wettbewerbs vor. Die deutsche Mutti bleibt als Frau weit hinter ihren Fähigkeiten zurück und hängt den Beruf an den Nagel, wenn es um die Aufzucht ihrer Brut geht.

Eva: Wir sind schon zu Hause!!!!

Wie überflüssig also, das Frau H. ein Land bekehren will, welches bereits daheim in der Wohnküche seine mütterlichen Pflichten erfüllt. Und trotz ganzheitlicher, frühkindlicher Fulltime-Bespaßung reicht es nicht zu mehr als zum europäischen PISA-Schlusslicht!

Klar, dass die Frau Neunmalklug nicht nur davor zurückschreckt, den Frauen generell die Schuld am Untergang Deutschlands zu bescheinigen, sondern insbesondere auch hier wieder mit den Fingern auf ganz spezielle Gruppen zeigt. Sie schreibt: *»Es ist offensichtlich, dass unsere Gesellschaft zunehmend verroht. Das Fehlen von Verantwortungsbewusstsein, Nächstenliebe und Gemeinschaftssinn führt dazu, dass die tägliche Berichterstattung über Gewaltverbrechen, Vandalismus, Kindesmissbrauch zunimmt.«* (S. 118f.) Und sie merkt nicht mal, dass ihr ewiger Nachrichtenvorlesejargon auch hier das Haar in der Suppe ist. Denn sie bezieht sich auf die *Berichterstattung*!

Und schießt damit ein weiteres Eigentor!

Tatsächlich werden nach der Kriminalstatistik nämlich weniger Kinder als früher Opfer von Vernachlässigung, Aussetzung, Tötung etc. Aber die *mediale* und gesellschaftliche Aufmerksamkeit ist enorm gestiegen, seit Schlagzeilen über Kindesmissbrauch sich höchster Auflage erfreuen. Es ist der Handel mit dem Schrecken! Das Entsetzen verkauft sich, nachdem die Dekade der medialen Überflutung mit dem Abnormen die Hemmschwellen der Konsumenten herabgesetzt hat. Eine Folge des Informationszeitalters. Die Berichterstattungen über Fälle von Gewaltverbrechen, Vandalismus, Kindesmissbrauch gehen wie geschnitten Brot. Und nur die Nachfrage bestimmt das Angebot. Das ist die eigentliche Perversität in unseren Köpfen, sich derartige Berichte überhaupt reinzuziehen.

In den Zeiten, die Eva H. immer als Maßstab heraufbeschwört, da hat man die Missgeburten einfach verhungern lassen, beim Krüppel ist man im Dorf dem

Ammenrat gefolgt, einfach das Fenster aufzulassen, bis das Kind an Lungenentzündung starb. Und inzestuöser Missbrauch und andere Brutalitäten sind nie über den engsten Kreis hinaus bekannt geworden. Es war die Zeit, welcher der Volksmund die Redewendung zu verdanken hat: »Das Kind ist in den Brunnen gefallen!« Manchmal war es in keiner Weise Zufall, wenn das Kind »mit dem Bade ausgeschüttet« wurde!

Doch dieser größere Zusammenhang erschließt sich natürlich nicht dem Planeten Eva. Auch diese falsche Ableitung ist eine Wiederholungstat. Könnte der Täterin vielleicht mal jemand sagen, dass Ausländerfeindlichkeit und Gewalt noch andere Ursachen als die DDR-Krippenbetreuung hat? Z. B. hohe Arbeitslosigkeit, Perspektivlosigkeit unter Jugendlichen, sterbende Städte, Armut, Alkoholismus, Drogenmissbrauch?

Weiter schreibt Eva H.: »*Psychologen und Bindungsforscher weisen in diesem Zusammenhang immer wieder darauf hin, dass besonders die Erziehungsmethoden der DDR bis heute Spuren hinterlassen haben.*« (S. 119)

Gott sei Dank bewege ich mich nicht in der Nähe eines kriminellen Umfeldes, obwohl ich meinen Beruf als Jugendseelsorgerin in der Strafanstalt Plötzensee sehr geliebt habe. Diese Gefängnisse waren schon in den 80ern mit Jugendlichen voll, die eine Kita nie von innen gesehen haben. Die Mehrzahl der Jugendlichen entstammte Verhältnissen mit arbeitslosen Alkoholikereltern, die auch keine bessere Kindheit erlebt haben. Kurz das, was man heutzutage nicht mehr Unterschicht nennen darf. Aber es gibt sie, die Unterschicht. Auch wenn sie ab sofort Prekariat heißt. Es ist völlig egal, welches Label man auf dieses Gefäß pappt, der Inhalt bleibt derselbe. Eine neue

Terminologie beseitigt nicht das Problem, sondern lenkt nur davon ab.

Es waren allesamt Haushalte, in denen ein paar Kinder zu viel lebten, Großfamilien, wie du sie uns mit deinem Eva-Prinzip verordnest.

Diese Mütter haben *deinen* Auftrag erfüllt und ihren Beitrag geleistet, dass die Deutschen nicht aussterben. Und alle Mütter sind zu Hause bei ihren Kindern geblieben. Die Väter auch. Diese Menschen erfüllen alle Voraussetzungen, die auf Planet Eva gelten!

Ich hoffe, du nimmst dich ihrer an! Ach, übrigens: Sie waren natürlich allesamt »Wessis«! Aber ob ein Ossi überhaupt die Einreise nach Planet Eva genehmigt bekäme?

6. Warum die »Sanduhr« nicht die Antwort ist oder: Evas Modediktat zur Weltrettung

Eva H. beklagt:

- *Die »typisch weiblichen Rundungen« verschwinden, »die so genannte Sanduhr-Figur wird immer seltener.«* (S. 78)
- *Das hat seine Ursache unter anderem in dem erhöhten Testosteronspiegel der beruflich gestressten Frau* (S. 76) *und dem »Siegeszug des so genannten Unisex-Look«*. (S. 181)
- *Frauen sehen Männer schon zum Verwechseln ähnlich: Sie kleiden sich »vielfach geschlechtsneutral, sie tragen Hosen, Anzüge, flache Schuhe«*. (S. 181)
- *Dabei geht das »uralte Spiel zwischen Mann und Frau« verloren.* (S. 181)
- *Aber auch die »inneren Qualitäten« der Frau, »weibliche Tugenden, die Ausgleich, Vermittlung und Friedfertigkeit in die Welt bringen«, bleiben auf der Strecke.* (S. 181)

»Zurück zur Sanduhrfigur«, ruft Eva laut aus, um die Welt zu retten!

Frei nach dem Motto ihres vielleicht nächsten Ratgebers: »Wie löst man die Krise im Nahen Osten, und welche Klamotten trage ich dazu?«

Im Namen der Herman'schen Sanduhrparole gehört ja eigentlich gesamt Schwarzafrika mit seinen gazellenhaften Grazien abgeschafft. Kennen die etwa kein »uraltes Spiel zwischen Mann und Frau«?

Nachrichtenfrau, ich fürchte mich vor dir! Wärst du unterwegs in den Discotheken dieser Welt, würde jeder Türsteher laut ausrufen: »Sperrt sie ein!« Was groovt und bewegt sich denn in den Clubs zu abgefahrenen Rhythmen? Wer sind denn die Stars auf dem Dancefloor? Die Fettmöpse, bei denen die Streifen auf dem Kleid zu Wellen und die Quadrate zu Punkten verzerrt werden? Oder schmalhüftige Hungerharken à la Victoria Beckham und Paris Hilton? Ist die in deinen Augen also keine Frau? Entziehst du ihr auf deinem Planeten etwa die Brutgenehmigung, die selbstredend nur du in deinem Reich verteilen darfst? Shut up, Sweetheart, sag ich da nur!

Fort mit Kate Moss und dem Modediktat der Couture-Laufstege und her mit der Wespentaille und den Doppel-D-Stützbüstenhaltern – das verordnest du der Welt, und zwar alles, um politisch korrekt die Menschheit zu retten. Mir macht die Besessenheit dieser ideologischen Absonderungen fast schon Angst, hieße es doch in letzter Konsequenz nicht nur den Lesben und Emanzen, sondern auch schmalgebauten Gymnastinnen, Tänzerinnen, Models, Sportlerinnen die Lebensberechtigung zu entziehen, da sie nicht in die göttliche Vorsehung passen und an ihrem natürlichen Auftrag als Frau scheitern. Bei Schmusebäckchen Eva sind die im rosa Kostüm mit fülligem Dekolleté die Guten und flachbrüstige Spargel-Janes die Bösen. Audrey Hepburn fällt durchs Raster. Genauso wie Sarah Jessica Parker. Und ich selbst bin ja wohl Evas ganz persönlicher Super-GAU. Bei mir musst du ja komplett am Rad drehen und voll den Föhn kriegen, weil du für mich keine Schublade findest. Denn mein Schnittmuster passt in deinem verkorksten Kosmos nicht zu deinem Schubladendenken! Individuell sein Leben in Freiheit zu entfalten, einen neuen Feminismus unabhängig von extremistischen Zwangsjacken zu leben, das lässt das Modediktat der Göttin Eva nicht zu.

Wohin mit mir also? Die ja so außerordentlich in ihrer Weiblichkeit schwelgt, Alice Schwarzer im rosa Rüschenkleidchen um Autogramme bittet, Nachkommenschaft produziert hat, die Namensgesetze geändert und ihre BHs verbrannt hat und sich von den Männern nicht die Butter vom Brot nehmen lässt, die selber ihre Höhle warm halten, ihre Beute erlegen und auf die Burg schleifen kann, auf Stilettos schneller rennen kann als die Polizei in Springerstiefeln und obendrein noch konkurrenzlos hervorragend Apfelkuchen backt?

Eva, zieh dich warm an, sage ich dir, 42 Millionen deutsche Frauen stehen hinter mir und zwar voll und ganz! Wir, meine liebe Zuckerschnecke, sind nämlich alle gleich! Oder wer anders als die Natur, auf die du dich stets berufst, hat denn die kleinen, schwachen, zarten, unbehaarten Männer und die großen, starken, rustikalen Frauen hervorgebracht? Der liebe Gott selbst hat den Damenbart verordnet, Frauen die Kraft gegeben, zu Fuß von Schlesien mit drei Kindern an der Hand und einem auf dem Rücken kohlenklauend dem Terror zu entfliehen, als Trümmerfrau im Blümchenkleid Millionen Tonnen Schutt wegzuräumen und als Kriegswitwe ohne Ausbildung die Brut großzuziehen und den Unterhalt zu beschaffen!

Du willst uns doch nicht etwa weismachen, eine große, kräftige Frau und ein zarter, kleiner Mann seien mutiert? Oder sollen einfach alle so sein wie du? Brauchst du dieses Programm, um dich selbst zum Ideal zu stilisieren und auf jede herabzublicken, die nicht deinem Schnittmuster entspricht? Was, wenn du eine Tochter hättest und dein liebes Töchterlein zu einer flachbrüstigen, 1,90 m großen Frau heranwächst? Würde sie in Mamas Eva-Prinzip blättern, würde sie dort lesen, dass sie Teufelszeug sei! Unnütz, unnötig und ohne Qualifikation, ihrer weiblichen Bestimmung nachzugehen.

Planst du vielleicht insgeheim, bei H&M demnächst die Eva-Prinzip-Kollektion zur allgemeinen Weltrettung herauszubringen? Aber Göttin, die du bist, solltest du doch aus politischen Gründen deinen Blick von Äußerlichkeiten abwenden und den Menschen in ihre Gesinnung und ins Herz schauen.

Ich höre dich schon piepsen: »Mach ich ja!« Und richtig, auch zu den inneren Weichteilen des Weiblichen hast du ein paar süße Parolen parat: Unsere *»emotionalen, ›weichen‹ Eigenschaften«*, die die *»Gesellschaft so dringend für einen gesunden, harmonischen Ausgleich benötigt«*, werden von dem Heer der Schmalhüftigen *»in den Hintergrund«* gedrängt. *»Liebe und Zuwendung bleiben zunehmend auf der Strecke.«* Stattdessen rüsten sich die Flachbusigen *»hoch mit männlichen Verhaltensformen, werden streitsüchtig, aggressiv, unerbittlich im Überlebenskampf«*. (S. 28)

Auweia, Eva, auweia! Wie viele Scheine in Soziopsychologie hast du denn gemacht? Aber pardon, angesichts deiner Lehren muss ich langsam annehmen, dass du mal als Farbberaterin tätig warst. Dunkel, dunkler, am düstersten schattierst du die Folgen, welche die aggressive Emanzipation durch falsche Typberatung zu verantworten hat. Und rosarot ist die Welt der friedlichen Urfrau. Dabei bist du selbst ja wohl die Letzte, die sich blondgelockt und mit Sanduhrfigur friedfertig zurückgezogen hat, wenn es hieß »Heute liest die Nachrichten mal die Kollegin vom Frühstücksfernsehen!«, oder? Und was fällt dir eigentlich ein, das »Männerauto« Porsche zu fahren? Das widerspricht doch deinen stilistischen Verordnungen, du müsstest doch in einem rosaroten, handlichen Alpha-Romeo-Flitzer sitzen. Warum hast du überhaupt einen Führerschein? Der böse, ruppige, harte Asphalt gehört doch eindeutig zur Domäne der Männer!

Aber zurück zum Wesentlichen: Wo Hausfrauen gemütlich kaffeetrinkend unter sich sind, da ist es schön und lieb und kuschelig? Träum weiter, Eva! Es wird nirgendwo mehr gelästert und gemobbt als in einem Haufen einsamer, gelangweilter Weiber. Den Ausgleich schafft in dieser Welt nämlich eher die männliche Komponente. Nirgendwo auf der Welt wird mehr gestritten als in einem Harem!

Frauen, die zu Hause sitzen, und Männer, die stolz sagen: »Meine Frau muss nicht arbeiten«, das ist die Welt, wie sie dir gefällt. Kein Wunder, dass du uns da sogar die Lebensform »Harem« schmackhaft machen willst. Du erkennst darin *»ein System der Großfamilie, in der das männliche Familienoberhaupt zwar absolute Verfügungsgewalt hatte, gleichzeitig aber auch die existenzielle Verantwortung für seine Frauen und Kinder übernahm.«* (S. 185)

Unter der Überschrift »Hauptsache versorgt« nehmen

sich die Geschichten aus Tausendundeiner Nacht und dein Eva-Prinzip wirklich nichts. Es ist zynisch, dass du diese unwürdige Daseinsform noch rechtfertigst! Das ist nicht nur unreflektiert und dumm, sondern verachtend den Frauen gegenüber, die dort ohne freie Wahl gelandet sind. Der Harem ist eine luxuriöse Form des privaten Bordells. Mehr nicht! Schon vor 20 Jahren las ich den Bestseller einer Araberin, die der Grausamkeit eines Harems entkommen ist und sich den Schmerz über die Demütigungen, die dort an der Tagesordnung sind, von der Seele schrieb.

Haremsdamen sind so etwas wie festangestellte Prostituierte; Sklavinnen, die sich der Herrschaft eines Scheichs unterwerfen, dem und dessen Gelüsten sie auf Gedeih und Verderb ausgeliefert sind. Sie geben ihren Willen und ihre persönlichen Bedürfnisse am Palasttor ab. Noch heute werden sie geräuschlos und spurlos beseitigt, wenn sie nicht mehr ins Konzept passen. Die Alten, Abgehalfterten werden ausgemustert und müssen schwarzgewandet als Sklavinnen auf die Kinderschar aufpassen. Sie trippeln dann in den Geschäften hinter einer Prinzessin her und tragen ihr die Tüten. In einer Gesellschaft, die sich keine sozialstaatlichen Absicherungen leisten kann oder will, hat sich die Form des Harems ausgeprägt, um mittellosen, chancenlosen, attraktiven jungen Frauen ohne Bildung ein Dach über dem Kopf zu geben und sie in einer gewissen Form der Sicherheit aufzufangen. Seine Gefühle und Emotionen verteilt der alleinige Herrscher über diese Herde von Frauen ganz nach Belieben. Heute gilt seine Vorliebe mal dieser, morgen mal jener. Die Frauen untereinander sind deshalb mit nichts anderem beschäftigt, als sich gegenseitig wegzumobben, auszustechen und um die Gunst ihres Herrschers aufs niederträchtigste zu buhlen. Eifersucht und Streitsucht – die doch dem lieblichen Wesen der Frau angeblich so fremd sind – sind alles, was den Frauen in ihrer Ohnmacht bleibt. Ein Kampf, der der Hackordnung eines Hühnerstalls ähnelt, wo die ranghöheren Hennen auf den oberen Stangen sitzen und jeder, die in ihre Nähe gelangen will, die Augen aushackt.

Deine Parolen finde ich langsam überhaupt nicht mehr komisch, sondern gefährlich, ignorant und frauenverachtend. Auf den zweiten Blick produzierst du das Gegenteil dessen, was du vor dir herträgst. Ein Harem ist ein Frauengefängnis in Samt und Seide. Aber wahrscheinlich bist du angesichts der prunkvollen Äußerlichkeiten und der arabischen Pracht so verblendet, dass dir diese Scheinwelt als Zuckerguss für deinen Apfelkuchen geeignet scheint. Aber egal, nach welcher Seite du den Teig auch rührst, dein Kuchen bleibt ungenießbar, weil die Zutaten faul sind.

Die aggressiven Verhaltensformen, die du uns vorwirfst, sind nicht Folgen der Emanzipation, sondern es sind Charaktereigenschaften. Eine warmherzige, ausgleichende, humorvolle Person wird diese Tugenden auch im täglichen Überlebenskampf im Nadelstreifenhosenanzug beibehalten. Eine verbissene, engstirnige, cholerische Zicke bleibt sich selbst auch im Blümchendirndl treu. Was du uns hier verkaufen willst, ist reinstes Kasperletheater.

Gerade erfolgreiche Geschäftsmänner und herausragende Führungskräfte, die ein Imperium begründet haben, sind oft auch verständnisvolle, verantwortungsvolle, fürsorgliche Chefs. Ein Claus Hipp, ein Reinhard

Mohn, ein Carl Miele, ein Werner von Siemens, die Neckermanns oder die Ottos, Patriarchen, die ein Großunternehmen aufgebaut haben, zeichnen sich auch durch ihre »weiblichen« Eigenschaften aus. Nachzulesen ist die Binsenweisheit auch in jedem Leadership-Ratgeber: Wer vollsten Einsatz von seinen Mitarbeitern verlangt, muss seinerseits gut motivieren können und generell ein besonderes Feingefühl im Umgang mit Menschen haben. Gerade »weibliche« Eigenschaften machen Männer »rund« und verleihen ihnen eine menschliche Qualität, die sie von den grobschlächtigen Befehlsgebern oder Befehlsempfängern unterscheidet. Ebenso entwickeln ausgerechnet die tollsten Frauen zusätzlich zu ihrer weiblichen Empathie und Intuition auch »männliche« Qualitäten wie Pragmatismus, Durchhaltevermögen, Ausdauer und Sachlichkeit.

Was lernen wir daraus? Frauen sollten sich was von den Männern abgucken und umgekehrt! In der goldenen Mitte liegen das Glück und der Erfolg. Und zwar für beide Geschlechter. Was wir »gebärenden« Frauen mit unserer »Empfänglichkeit« in die Welt tragen, sollte Männer daran erinnern, dass es auch andere Optionen gibt, als ein Leben als Karrierehengst zu führen. Zwölf bis 14 Stunden im Büro zu schuften, sein Leben von firmeninternen Seilschaften abhängig zu machen und am Ende mit 59 vom Herzinfarkt hingerafft zu werden, das kann nicht der Schlüssel zum Glück sein. Dem müssen noch andere, private Prioritäten gegenüberstehen!

Und ihr Frauen wiederum, ihr könnt von den Männern lernen, kontaktfreudiger, mutiger und risikobereiter Herausforderungen anzunehmen, euch nicht einzuigeln und als Küchenschabe zu verstecken.

Die Fähigkeiten, die uns das Berufsleben abverlangt, lassen uns erst zum vollständigen Menschen werden. Die Skala unserer Fertigkeiten erweitert sich im glücklichsten Fall nach beiden Seiten: der femininen und der maskulinen. Nur du, Eva, weißt es mal wieder besser: Ohne mit der Wimper zu zucken, plädierst du für die neue Einseitigkeit! Du ziehst in den Köpfen Mauern hoch und rufst zur großen Blockade auf! Gleichberechtigung ist für dich vermintes Gelände. Du spielst »Frauen mit Kind« gegen »Frauen ohne Kind« aus, die »Berufstätigen« gegen die »Hausfrauen«, »Teilzeitmütter« gegen »Vollzeitmütter« und »Kinderlose« gegen »Zuchtkühe«. Charaktereigenschaften teilst du so zu, als wären wir Marionetten und das Leben die Augsburger Puppenkiste. Du hetzt uns alle in die Arena und verhärtest die Fronten! Schwarzbraun ist die Haselnuss, das ist deine Erkennungsmelodie! Geh doch endlich in die Politik und oute dich!

Es ist wahrlich eine tolle Aufgabenteilung, die du uns da anbietest: Mutterschaft gibt es nur in Kombination mit Kochen, Putzen, Backen und Zu-Hause-Sitzen, Depressionen inklusive, während die Ernährer und Familienvorstände mit heraushängender Zunge und Aktenköfferchen aufs erste Magengeschwür mit 40 hinarbeiten und als medizinischen Nachweis ihres unermüdlichen Einsatzes für die Familie kurz vor der Rente den Löffel abgeben. Da die Hobbynaturkundlerin Eva H. die Ausprägung von Charaktereigenschaften nicht nur in maskulin / feminin, sondern auch in Ost / West einteilt, ist das von ihr gezeichnete Menschenbild quasi kleinstkariert. Wenn die *»Eiszeit der Gefühle«* (S. 95) im Osten zutiefst gestörte Mannweiber und Megären produziert hat, wieso finden sich dann nicht dort, sondern im

Westen die unbemannten Fregatten, die »Einpeitscherinnen« in »schwarzen Kutten«, sprich die Emanzen? Alice Schwarzer war nie in einer Ostkrippe!

Die Grenzziehungen in deinem Kopf rufen in mir Parallelen zu reaktionären Denkmustern wach! Das dunkelste Kapitel der deutschen Geschichte begann mit der Kategorisierung und Klassifizierung von Menschentypen nach »Rassen«.

Nicht mal unsere Oberweite passt dir in den Kram! Die sei angeblich kleiner geworden, saugst du dir aus den Fingern. Du schreckst nicht davor zurück, dich mit dem Herrgott und der Natur anzulegen, obwohl du diese doch immer zu deiner Verteidigung herbeizitierst. Auch hier geht der unbescholtene Leser erst mal davon aus, dass deine Beobachtungen auf Fakten basieren, ganz einfach, weil dies zu deiner journalistischen Sorgfaltspflicht gehören würde. Aber du trickst uns alle aus, denn du fälschst deine Statistiken einfach selbst. Ein Mausklick zum Statistischen Bundesamt und Co. genügt, und ich sage dir, wie es um die Figur der deutschen Frau wirklich bestellt ist:

Von wegen vermännlicht! Von wegen die Hüften der Frauen sind *»allgemein schmaler geworden [...] und die Oberweite kleiner«* (S. 78). In Wahrheit neigen wir deutschen Frauen leider eher zur reifen Birne als zum platten Bügelbrett mit Erbsen drauf: Der Durchschnittsbrustumfang liegt bei 99,7 cm, die Taille bei 83,7 cm und unsere Hüften runden sich auf satte 104,1 cm. Und Leute, auch wenn das jetzt weh tut: Die Birne wächst! Jahr für Jahr! Oben, mittig und untenrum. Allein zwischen 1981 und 1994 haben wir im Durchschnitt an allen drei Stellen um etwa zwei Zentimeter zugelegt. Stolze 67,5

Kilo brachten wir 2005 auf die Waage – bei einer Durchschnittskörpergröße von gerade mal 1,65 m. Macht übrigens ein Kilo mehr als noch vor zehn Jahren. Die vielen Latte macchiato, mit denen wir im Kreise unserer Freundinnen die Frage erörtern, warum er nicht anruft, haben eben ihre Spuren hinterlassen auf deutschen Hüften!

Jetzt komm mir keiner mit dem Argument: »Aber mir passt doch seit Jahren Größe 38!« Das ist wie mit den verzerrenden Spiegeln in den Umkleidekabinen! Der Einzelhandel ist ja auch nicht blöd. Wenn die Frauen schleichend dicker werden, dann werden die Kleidergrößen es eben auch. Eine 36 von heute ist auch nicht mehr das, was sie früher mal war! Das ist reine Verkaufsstrategie, denn keine Frau will Sachen kaufen, die Größe 40 oder aufwärts sind, also wird deshalb eben die 38 immer weiter!

Ja, die Wahrheit tut weh, Mädels, aber ich kann sie uns leider im Dienste der schonungslosen Aufklärung nicht ersparen. Wir werden immer kegel- und kugelförmiger. Die Hüften immer gebärfreudiger, die Busen immer bombastischer. Und spätestens nach der dritten Schwangerschaft hat sich dann auch noch die letzte Sanduhr in einen Sandsack verwandelt. Taille, ade! Was soll's, Hauptsache, die Kinder sind gesund, man will ja nicht klagen. Dafür erfreuen wir uns unserer hübschen Töchter, die übrigens heute auch schon sieben Jahre früher pubertieren als noch vor 100 Jahren. Weil ihre wohlgenährten, nährstoffprallen, vitamingedopten Eiweiß-Leiber die Fortpflanzung kaum abwarten können.

Und als wabberte da nicht schon genug Fleischesmasse in Stütz-BHs umher, werden die ohnehin dicken Dinger auch noch massiv vergrößert. Noch nie gab es so viele stolze Brustimplantatsbesitzerinnen wie heute! Das heißt ja wohl, dass Frauen ganz allgemein weiterhin eher auf eine Verschärfung ihrer weiblichen Reize setzen und damit mehr als je zuvor kokettieren. Sie demonstrieren weibliche Macht auch über ihre Körperlichkeit, und es ist nicht selten ausgerechnet die Karrierefrau, die mit dem Einsatz all ihrer zur Verfügung stehenden Mittel kämpft.

Doch auch hier gibt es Ausnahmen, wie in wunderbarer Weise unsere Bundeskanzlerin beweist. Sich über den Look von Angela Merkel zu äußern, ist heikel. Ich würde ihr gerne mal ein Paar Seidenstrümpfe ins Kanzleramt schicken, denn sie ist eine tolle Frau. Durch ihren fast schon bornierten Verzicht auf alles Weibliche entzieht sie sich jeglicher unnötigen Diskussion, ob das Abendtäschchen nun zum Kleid gepasst hat oder nicht. Das ist sehr schlau. Sie rückt als Politikerin Themen in den Mittelpunkt und lenkt das voyeuristische Interesse von ihrer Person ab. Dabei widerlegt sie parallel zu ihrem Amt die These, dass Erfolg sexy macht.

Angie muss dem Eva-Prinzip natürlich ein Dorn im Auge sein, vor allem in Kombination mit ihrer ebenso erfolgreichen Familienministerin. Nun, hier treffen wir auf Frauen, die ohne Rücksicht auf ihren Beckenumfang lustvoll Macht ausüben und denen dabei eine Menge Privilegien zuteil werden, vom Limousinenservice bis zum Privatjet. Überall gibt es in Deutschland solche Frauen: Personalchefinnen in der Provinz, Professorinnen in Brüssel, Gefängnisdirektorinnen und Chefärztinnen.

Nur dir, liebe Eva, scheint einfach die ganze Welt, von der du umgeben bist, nicht zu passen. Nicht mal unser Hormonhaushalt passt dir. Du prangerst jedes einzelne unserer Körperteile an, um deine politische Gebär-Mission zu untermauern. Wie Frau Dr. Frankenstein mixt du mit deinem gefährlichen Halbwissen einen Thesencocktail zusammen und verkündest allen Ernstes, bei dem hormonellen Hexengemisch, das infolge unserer Berufstätigkeit in unseren Adern fließt, sei es kein Wunder, dass wir schizophren werden: Frauen leben heute *»in einer gefährlichen Schizophrenie: Im Beruf müssen sie forsch und fordernd sein, dem Kind gegenüber sollen sie weibliche Muster reaktivieren, und was das Verhältnis zum Mann betrifft, finden sie sich zwischen allen Stühlen wieder.«* (S. 206) Wie schlimm, kein Klischee passt mehr auf das andere! Und noch nie sei es deshalb *»so schwierig gewesen wie heute, eine Frau zu sein.«* (S. 206)

Nun ja, wir leben in einer Zeit, in der Frauenfußball die coolste Sache zwischen Nagellack und PMS ist! Und noch immer gehören Tage, an denen das Haar nicht sitzt, zu unseren Tiefpunkten! Da sind wir uns selbst total treu geblieben. Aber auf Planet Eva sollen Frauen offenbar sogar noch im Job die Phantasien der Männer bedienen. So wie seit Urzeiten. Die Naturvölker werden im Eva-Prinzip ja immer wieder als Orientierungsmuster bemüht. Was haben sich Frauen verschiedenster Kulturen seit Urzeiten schon alles antun müssen, um ihre Schönheit zu manipulieren? Da werden Krüppel-Füße abgebunden, durch Eisenringe Giraffenhälse gezüchtet, Genitalien beschnitten.

Meinst du wirklich, anderswo war oder ist es leichter, eine Frau zu sein?

Und wohin haben uns all diese Vergewaltigungsaktionen gebracht? Werden wir besser bezahlt? Haben wir dieselben Karrierechancen wie Männer? Gilt es als normal, wenn wir Pilotin werden und einen Jumbo fliegen? Bekommt eine Alleinerziehende steuerliche Erleichterungen? Hilft uns einer beim Bügeln? Nimmt man uns ernst, wenn wir einparken? Nein! Im Businesslook genauso wenig wie im Millefleurs-Baby-Doll!

Terrain haben wir uns erst erobert, wenn eine Frau, die aussieht wie Pamela Anderson, die Regierung übernimmt. Warum muss eine Bundeskanzlerin auf dem roten Teppich in den geliehenen Mänteln von Helmut Kohl daherkommen? Warum reicht es in den Köpfen immer nur für eine halbe Welt? Ein ewiges Entweder-oder? Entweder Partnerschaft und Karriere oder Partnerschaft und Kinder oder Karriere und einsam. Karriere und Kind und glücklich? Das nimmt einem sowieso keiner ab, damit bleibt man suspekt! Ein permanentes Zweidrittelglück, denn Job, Partnerschaft und Kind, das schaffen nur die anderen: Das klappt in den Vereinigten Staaten, in England, Frankreich und Skandinavien. Solange ein Mann nicht gefragt wird: »Wie bringen Sie eigentlich Karriere, die Kinder und den Haushalt unter einen Hut?«, so lange sind wir von Gleichstellung weit entfernt.

Und während in Spanien eine beliebte TV-Moderatorin Königin wird, schreibt Deutschlands beliebteste Nachrichtenfrau, die leider keinen Prinzen gefunden hat, der sie in einen Palast wegsperrt, zu Beginn des 21. Jahrhunderts ein Buch, in dem sie den Frauen die Schuld für ein ganzes Volkssterben und für das Scheitern von Partnerschaften gibt!

Heim, Herd und Kinder sind Terrain der Frau, welche von hier segensreich dem Mann den Rücken stärken soll. Die Ideologie eines Frauengefängnisses, nämlich des Harems, wird als paradiesischer Zustand geschildert und als Ideal natürlichen Rollenverhaltens verherrlicht. Der Mann darf sich jeden Tag eine Neue aussuchen, und ich soll wie eine Sklavin meinem Fremdgänger den Dreck wegmachen. Ach ja, und die Klappe halten sollen Frauen natürlich auch »öfter mal«.

Eva go home!

Weil ich nicht in schwingender Krinoline daherkomme, geht laut Eva-Prinzip also die Welt unter? Mein Hosenanzug löst den Gebärstreik aus? Die Erotik einer Marlene Dietrich in ihrem strenggeschnittenen Herren-Smoking plus Zylinder und Zigarre löste 1930 eine Revolution aus. Was gab es Eleganteres als die Silhouette einer Coco Chanel, die den hochgeschlossenen Rollkragenpulli genauso wie das Businesskostüm etablierte? Sogar die künstlerische Kreativität dieser Weltklasse-Designerin, die ihre Models in Anzug und Krawatte über den Laufsteg schickte, ist dir ein Dorn im Auge. Dabei hatte das mit Emanzipation gar nichts zu tun, sondern mit Schick!

Und mit Freiheit!

Frauen wollten ganz einfach auch mal breitbeinig sitzen können, ohne dass ihnen einer in den Schritt schaut. Aber nun ist Coco als Gegnerin der Sanduhrfigur und damit als Vorreiterin emanzipatorischen Unheils entlarvt. Ich glaube, wenn Karl Lagerfeld oder Yves Saint Laurent, Armani und Versace diese geistigen Absonderungen der Weltretterin Eva H. vernehmen, kommen sie persönlich angereist, um ihr die eigene Businesskollektion um die Ohren zu hauen.

Aber da bringst du mich auf eine Idee, Eva! Ich verspreche dir, dass ich jedes Interview zu diesem Buch im Nadelstreifenhosenanzug absolvieren und somit der wahrhaftige Beweis sein werde, dass gerade dieser Cross-over-Look noch attraktiver wirkt als das püppchenhafte rosa Rüschenkleid, mit dem ich schon oft im Lesbenladen einen Drink genommen habe. Und stell dir vor, die haben mich in dem Look sogar reingelassen!

Die versteckte Botschaft des Eva-Prinzips lautet, dass es unmöglich ist, intelligent, erfolgreich, unabhängig und gleichzeitig begehrenswert, sexy und fruchtbar zu sein. Ich finde, Eva H. macht einen ganz miesen Job als Türkontrolle an der Pforte des Glücks! Manchmal wünsche ich mir bei der Lektüre deines Pamphlets auch die Steinzeit zurück. Genau wie du. Leider aus einem anderen Grund: Die Welt wäre von solchen Schwarten wie der deinen verschont geblieben! Wie sollen die Herausforderungen des dritten Jahrtausends angenommen werden, wenn man mit der Steinzeitkeule argumentiert? Du prangerst an, dass unsere Zivilisation der Natur ins Handwerk pfuscht. Nun, eine Frau ist nicht wirklich attraktiv, wenn sie unbeschuht mit einem Arm am Baum hängt und sich mit der freien Hand die Brust laust!

Aber langsam komme ich dahinter, was du im Schilde führst: Dein innerer Reichsparteitag findet statt, wenn du uns Frauen, den Eierstockträgerinnen, ein schlechtes Gewissen machst und uns vorwirfst, wir hätten unseren genetischen Code zum Gegner erklärt. Du erfindest Evolutionsthesen, welche Sanduhrfigur, pinkfarbenes Kostümchen, Hirnforschung, Hormoncocktails, Bügelwäsche und Kuchenrezepte mit deinen eigenen dysfunktionalen Strukturen verstricken, und breitest dieses Machwerk, nicht ohne Häme, bundesweit aus. Du knüpfst ein klebriges Spinnennetz und versuchst dich als Menschenfängerin, damit das zersiedelte Ruhrgebiet noch um ein paar Muttertiere in Kittelschürzen reicher wird.

Die Verkünderin guter Nachrichten hat inzwischen nicht mal mehr ein Problem damit, Frauen in echte und falsche Exemplare zu unterteilen! Tja Eva, in deinem nihilistischen Kosmos lauert das Böse eben überall, im alten Osten wie im neuen Westen, im Süden ebenso wie im Norden. Die Schachteln, die du dir für die Menschheit gebastelt hast, reichen kaum aus.

Ich trage Nylonstrümpfe, habe das Licht der Welt in Stilettos erblickt, lebe im adretten Businesskostüm, schmücke meine Wohnung nach dem »My home is my castle«-Prinzip, mache nebenbei ein Soufflé mit dem Kind auf dem Arm und dem Handy ans Ohr geklemmt und zupfe, während ich meiner Sekretärin meine Gegenthesen diktiere, mit perfekt manikürten Nägeln die Blumen auf dem Fenstersims zurecht.

Ja, Eva, ich bin eine »echte« Frau! Die dunkle Kutte streife ich mir nur über, wenn dein Kerl sich bei mir auf der Durchreise für die dreckige Domina-Nummer meldet. Dann schwinge ich die Peitsche und oute mich als »schwarze Einpeitscherin«! Ob ich dazu die Lackstiefel tragen darf, das muss ich allerdings erst mit Alice ausdiskutieren! Es könnte ja sein, dass er will, dass ich ihn damit trete, aber ich hab gesagt: »Nee du, lass mal, ich kann das aus politischen Gründen nur in Birkenstock machen!«

Aber die schwarze Kutte gehört mir, die hab ich eigenhändig mit fleißigen Blow-Jobs abgestottert. Wenn ich auch mal so weit in den schwarzen Zahlen bin wie du, dann lass ich mir vielleicht sogar bald die Titten machen, dir zuliebe natürlich: im Namen der Sanduhrfigur!

Aber das ist o. k., Eva, denn was du schreibst, ist Science-Fiction! Du bist die Göttin deines eigenen Paralleluniversums.

Alles, was du uns vorführst, ist ein riesiges Märchenbuch, ein Roman, von dem wir, unsere Eileiter und unsere Kinder aufgesaugt und verschluckt werden wie von einem schwarzen Loch. So bleibt am Ende als Materie des Eva-Prinzips nur ein »Nichts«. O. k., universell gedacht habe ich mich als »echte Frau« längst versündigt, denn ich nehme so viel Haarspray, dass ich bestimmt schon in der Atmosphäre mein eigenes Ozonloch habe. Aber dieses große, riesige, schwarze Loch des Herman'schen Universums, liebe Eva, das ist und bleibt deins!

7. Alle Alleinerziehenden wollen sich umbringen? Eva go home!

Eva H. erzählt

- *von ihren alleinerziehenden Freundinnen, die »dem ungeheuren täglichen Druck von allen Seiten kaum noch standhalten« konnten* (S. 89),
- *die in Tränen ausbrachen und Eva über »körperliche und psychische Zusammenbrüche« berichteten* (S. 89).
- *Alle »hoben geschlossen hervor«, dass sie das Leben als Alleinerziehende, »dieses Schicksal nicht noch einmal freiwillig auf sich nehmen würden, wenn sie die Wahl hätten«.* (S. 89)
- *Eine der Freundinnen hatte sogar »der Lebensmut verlassen«, und sie hatte mehrere Male »mit dem Gedanken gespielt, den Freitod zu wählen«.* (S. 88)

Ich, eine »echte Frau«, komme aus einer sehr alten, traditionsbewussten, konservativen Familie: Wir sind Alleinerziehende bereits in der dritten Generation! Und keine von uns wollte sich jemals umbringen. Im Gegenteil, wir sind der Meinung, unsere wunderbare, hochzivilisierte Spezies vermehrt sich nicht in Gefangenschaft. Wir sind autonom. Und das seit den 1920er Jahren. Frei von einem festen Arbeitgeber und frei von einem festen

Partner. Zwar beides immer nur vorübergehend, aber dafür sind wir eines 100 %: 24 Stunden liebende Mutter ohne Kompromisse. Wir sind wie die Pelikane, die sich mit dem spitzen Schnabel ihre eigene Brust aufreißen, um das Kind durch ihr Blut zu sättigen.

Und ich bin nicht allein. Wir haben in Deutschland 2,2 Millionen Alleinerziehende. Will man dem Eva-Prinzip Glauben schenken, sind diese 2,2 Millionen schwer depressiv und suizidal. O. k., mein Gedankenexperiment soll fair ausfallen, ich bin ja nicht eine, die mit ewig gezinkten Karten spielt, sondern rechne mit ein, dass von den 2,2 Millionen Alleinerziehenden 85 % Frauen sind. Macht 1,87 Millionen. Wenn davon nur die Hälfte suizidal wäre, hieße das 935 000 selbstmordgefährdete alleinerziehende Mütter. Das wären dann 1,2 Millionen Waisenkinder! Kalkulieren wir dasselbe Experiment mit einer Quote von nur 10 % zutreffender Suizidalprognose, bleiben 187 000 Selbstmörderinnen! Die Heime sind aber voll von abgeschobenen, unterversorgten Kindern nach dem Strickmuster des Eva-Prinzips aus sogenannten »intakten Familien«!

Der Strick, an dem wir laut Eva-Prinzip hängen müssten, sollte dafür verwendet werden, dieses Machwerk zu bündeln und ins winterliche Ofenfeuer zu werfen. Oder am besten die Autorin à la Christo so fest einzuschnüren, dass sie nie wieder mit ihren Händen auf der Tastatur eines PC herumhacken kann. Das ganze Spektakel würde ich gerne als Großbildleinwand-Performance moderieren. Vielleicht würde es dieser Auftritt sogar bis in die Tagesschau schaffen!

Ja, mit diesem Zorn einer unmittelbar Betroffenen muss man rechnen, wenn man seinen ganzen persönlichen Katzenjammer als Eva-Prinzip-Seuche über die alleinerziehenden Schwestern auskübelt. Ich, meine Damen, solidarisiere mich nicht mit euren schlechten Erfahrungen und sitze noch lange nicht mit euch in einem Boot, nur weil ihr selbstmitleidig und depressiv seid. Und euch die Kerle davongelaufen sind. Also bitte vermeidet in Zukunft bei euren Selbstmörderinnenseminaren tunlichst das kollektive »wir«.

Auch Eva selbst hat damals beim großen Freundinnenheulen an der Nordsee den Katzenjammer gekriegt: *»Identische Gefühle«* wie die der depressiven alleinerziehenden Freundinnen kamen *»in mir hoch«*. Kaum wagte die mitfühlende Eva sich auszumalen, *»wie es Millionen anderen alleinerziehenden Müttern ergehen mag, die unter viel schwierigeren Bedingungen überleben müssen«*. (S. 89)

Schlecht beobachtet, Frau Herman, ganz, ganz schlecht beobachtet! Warum fährst du auch mit einer suizidalen Selbsthilfegruppe in Urlaub? Habt ihr euch in der Therapie kennengelernt? Ich glaube, bei einem Wochenende im Tantra-Workshop hättet ihr mehr Spaß gehabt.

Es ist euer gutes Recht, die hysterisch geführten Debatten um Kinderschwund, Männerschwund, Brustschwund und Hirnschwund fortzuführen, aber in einem demokratischen Sozialstaat haben fröhliche Frauen auch das Recht, sich gegen Katzenjammer, Schwesternmord und Müttergenesungsweckrufe medialer Zierfische zu schützen.

Denn ohne dich und deine suizidalen Freundinnen bleiben immer noch 1,869996 Millionen alleinerziehender Mütter, die zum größten Teil mit eigenem Einkommen und gelungener Work-Life-Balance einen hohen

Zufriedenheitsgrad mit ihrer Lebensform erreichen! Sie sind, und das ist völlig unstrittig, im Schnitt zufriedener als verheiratete Hausfrauen. Und gesünder: »Obwohl berufstätige Mütter, weil sie den Großteil des Haushalts nebenbei schmeißen müssen, häufig insgesamt mehr Stunden arbeiten als nichtberufstätige Mütter, also unter der Doppelbelastung von Job und Familie stehen, fühlen sie sich häufig gesünder als Frauen, die sich allein auf die Erziehung ihrer Kinder konzentrieren.«*

Das sind die Fakten, mit denen Eva H. sich jetzt erst mal abfinden muss. Ebenso wie mit der Tatsache meiner unermüdlichen, peinlich genauen Recherche.

Und wo wir grad beim Thema sind: Es sind übrigens in der Regel die Frauen, die die Scheidung einreichen. Und somit quasi freiwillig alleinerziehend werden. Weil sie die Kombination Kinder und Unabhängigkeit offenbar nicht für die schlechteste aller Lebensformen halten. Allemal besser als eine öde, frustrierende Ehe mit häuslichem Dauerkrieg.

Und wenn du jetzt wieder behauptest, eine Alleinerziehende wünsche sich nichts sehnlicher als gleich den nächsten Kerl, der sie finanziell versorgt und dem sie dafür hinterherputzt, dann muss ich dir sagen: falsch! Alleinerziehende Frauen sind ultra wählerisch. Da muss der Typ schon die absolute Granate im Bett, am Herd und am Bügelbrett sein, dass sie überhaupt ernstlich erwägt, die liebgewonnene Freiheit wieder gegen den bekannten Pärchenalltag zu tauschen.

* So der Befund eines Frauengesundheitsberichts im Auftrag des Bundesministeriums für Familie, Senioren, Frauen und Jugend.

An Männern, die bei den Alleinerziehenden Schlange stehen, mangelt es übrigens meistens nicht. Es gab vielleicht früher mal Zeiten, da hatten Frauen mit minderjährigem Anhang schlechte Karten, wenn es darum ging, unter die Haube zu kommen. Inzwischen, und hier schlage ich dich mit deiner eigenen Theorie, liebe Eva, sind *Mütter so selten geworden*, dass es schon wieder cool ist, Kinder zu haben. Potenzielle Partner sehen in einer Alleinerziehenden a.) eine Frau, die autark und b.) mutig ist; eine Frau, die c.) mit ihrem Körper und dessen wundersamen Funktionen schon Bekanntschaft gemacht hat, d.) belastbar ist, e.) sich und ihr Leben organisieren kann, f.) Herausforderungen annimmt, g.) Unordnung gewohnt ist und h.) sich über Sex ohne Vorspiel freut.

Alleinerziehende wollen nicht gleich nach dem ersten Kuss geheiratet werden. Geschweige denn geschwängert. Auf dem Geschlechtermarkt ist das ein nicht zu unterschätzender Heimvorteil! Schlaue Männer lieben alleinerziehende Frauen! Die sind pragmatisch, pflegeleicht, anspruchslos und – wie ein gebildeter Mensch daraus ableiten kann – dankbar. Wir haben gelernt, uns von den Krümeln zu ernähren, die uns das Leben unter den Tisch wirft. Nicht nur das, wir können aus den Krümeln sogar noch einen wohlduftenden Auflauf zaubern.

Für Alleinerziehende ist es ein Fest, wenn sie bis sieben Uhr ausschlafen können und nicht schon um 5.30 Uhr geweckt werden. Während echte Singlefrauen bis zum frühen Morgen durch Clubs geschleift, etwas geboten bekommen und unterhalten werden wollen, ist es für uns hingegen schon ein Höhepunkt, mal zwei Stunden mit auf »stumm« geschaltetem Handy im Kino zu sitzen und aus Angst vor dem Babysitter Punkt zehn Uhr wieder daheim zu sein. Wir haben gelernt, eventuelle Liebschaften geschickt um die Bedürfnisse des Kindes, des Babysitters und der Großeltern herumzudrapieren. Spielchen wie »Ich bin keine Frau, die man beim ersten Mal flachlegen kann« oder »Ich glaub, heut hab ich Migräne« haben wir aus zeitlichen Gründen ganz aufgegeben. Wenn wir uns schon einen Abend freischaufeln, muss dabei auch was herausspringen. Frisch geföhnt im Schritt, den Babysitter bezahlt, Beine nassrasiert, Friseurbesuch und Taxikosten – und dann soll das alles für die Katz gewesen sein?

Halbe Sachen kann sich eine Alleinerziehende nicht leisten – entweder ganz oder gar nicht heißt die Devise. Somit leitet ein kluger Mann aus der bloßen Tatsache der Verabredung zu einem gemeinsamen Abend folgerichtig ab, dass man auch über dessen Ausgang handelseinig ist. Paradiesische Zustände für Männer, die sonst gewohnt sind, dass die Frau erst zwei Wochen aufreizend mit ihm flirtet und dann hochempört ist, wenn er sie noch »auf einen Kaffee« zu sich nach Hause einladen will.

Eine Alleinerziehende wird ihre Zeit und Energie immer für ihr Kind aufsparen und somit niemals für sinnlose Beziehungsdiskussionen vergeuden. Geheult wird, weil das Kind im Fieberwahn halluziniert, aber nicht, weil ein Kerl nicht anruft.

Ich frage mich also wirklich, in welchen Dämmerzuständen dieser suizidale Club der Herman'schen »rusty girls« vor sich hinvegetiert? Oder kommt das davon, dass man das Styling Department eines Fernsehsenders für den Nabel der Welt hält? Und die PR-Abteilung von Escada für die Schaltzentrale der Verteilung von Carepaketen?

Sollte das Kollektiv eures Selbstmörderinnenfreundeskreises e. V. mir an dieser Stelle eine gewisse Häme unterstellen wollen, gebiete ich Einhalt! Ihr habt damit angefangen! Denn mit eurer Streitschrift zeichnet ihr von beruflich ambitionierten Frauen mit Kindern schamlos Karikaturen und zementiert sinnlos überholte Geschlechterrollen. Und zwar in all ihren Verzerrungen!

Ein Mausklick hätte auch hier genügt, um Evchen von ihren Endzeithalluzinationen zu heilen: Ja, richtig, die meisten Alleinerziehenden arbeiten. Und zwar viel und hart! Und meistens Vollzeit – im Gegensatz zu dem Rest der deutschen Muttis! 70% aller Alleinerziehenden leben vom eigenen, sauer verdienten Geld. Das ist anstrengend, aber eben auch befriedigend. Deshalb macht Alleinerziehen, da sind sich alle *meine* Freundinnen einig, nicht arm und unglücklich, sondern stark und stolz.

Und manchmal hat der Zwang, Geld verdienen zu müssen, auch sein Gutes. Die Frage nach der bequemeren Alternative stellt sich unter diesen Lebensbedingungen gar nicht. Diese postnatale Rechtfertigung, »Jetzt mal mit der Karriere ein wenig zurückzustecken, damit die Familie sich entfalten kann«, ist doch oft nur eine Ausrede, um den Schwierigkeiten auszuweichen, die sich ergeben, wenn Kinder ins Spiel kommen. Dieselbe Frau, die vorgestern noch als Animateurin Kindern im Robinson Club Tauchen beigebracht hat oder in Berlin-Friedrichshain auf hippe Galeristin oder Event-Managerin gemacht hat, kompensiert ihre berufliche Stagnation damit, dass sie ihre gesamte Energie von nun an in die Zubereitung von makrobiotischem Babybrei steckt.

Diesen Luxus der freien Wahl kann sich eine Alleinerziehende gar nicht leisten. Da ist nur 100%iger Einsatz gefragt. Kapriolen wie: »Ich muss erst mal darüber nachdenken, ob ich noch mehr Kinder kriegen will!« oder sich im 4. Monat an Krücken zum Atemunterricht schleppen, das alles sind Wohlstandssorgen und Luxusprobleme aus dem Wolkenkuckucksheim.

Ich musste frisch verlassen erst mal umziehen, die Wohnung renovieren und aus Geldmangel bis vier Wochen vor der Entbindung »Die Show zum Buch – Was bleibt ist die Schande« auf Tour spielen, um mir ein Kinderzimmer einrichten zu können. Zeit für Zweifel, Energie für Depressionen, Kraft für negative Stimmungen hatte ich gar nicht übrig. Da fehlten mir einfach die Reserven.

Diese Leidensgenossinnen von Eva, diese Freundinnen, die als erfolgreiche Medienfrauen beschrieben werden, die *»von außen betrachtet mit beiden Beinen im Leben stehen«* (S. 89), hatten es sicher nicht annähernd so schwer wie ich. Solange Raum für Katzenjammer ist, so lange ist noch Luft! Doch umso erstaunlicher, dass gerade diesen »tollen Frauen«, mit denen du dich umgibst, ein stabiles, gesund ausbalanciertes Selbstbewusstsein fehlt.

Das sind Heulsusen, die du dir ausgesucht hast, um dein Weltbild zu bestärken. Ein bayrisches Landmadl käme dem von dir illustrierten Krisenherd ja gar nicht nah, die würde die Ärmel hochkrempeln, sich bodenständig à la Nick organisieren und anpacken. Und wenn's als Kellnerin auf der Hütt'n ist! Die Brüder und Nachbarn würden schon dafür sorgen, dass ein flotter Skilehrer oder Naturbursche hängenbleibt und alles ins Lot kommt. Das sind begnadete Menschen, die erdverbunden jedes Problem so annehmen, als sei es eine Herausforderung Gottes, an sich selbst zu wachsen. Dein Häkelkreis kann davon nur lernen. Mit derselben Beflissenheit und Zielstrebigkeit gehen nämlich auch Alleinerziehende ihren Weg, die nicht aus Angst arbeiten, sondern aus Lust daran. Es ist doch besser, in den Wehenpausen noch Akten zu lesen und von dir als egoistisches Karriereweib beschimpft zu werden, als kollektiv den Selbstmord zu planen, weil einem bei der Kehrtwende von der Karriereleiter zur Opfermutti auf halber Strecke der Ernährer abhanden gekommen ist.

Die größte Disposition zur Krise haben nämlich jene Frauen, die ganz nach dem Herman'schen Prinzip von einem Extrem ins andere fallen und einer interessierten Öffentlichkeit dann verkünden, dass alles Vorherige ein Irrtum war und sie erst jetzt zu ihrer wahren Bestimmung gefunden haben. An die Stelle von Bilanzen, Umsätzen und Forschungsergebnissen treten ab sofort Ordnung, Sauberkeit und Bügelspray. Kochen, backen, putzen, gescheitelte Kinder und ein Vati, dem Mutti Vollwertleckerbissen auf den Teller legt, sollen ein abgeschlossenes Medizinstudium, eigenes Geld, kreative Entfaltung individueller Talente wettmachen? Wohlgemerkt, für die nächsten 30 Jahre! Die Tür wird zugesperrt sein, wenn die Stunde der Umkehr kommt.

Aber da gibt es viele Ausweichmöglichkeiten: das Bauch-Busen-Po-Training im Fitnesscenter oder die Eltern-Lehrer-Organisation in der Schule. Bitte, ich lasse das alles gelten, aber ich werde stinksauer, wenn du mir weismachen willst, dass du mit journalistischem Spürsinn aufgedeckt hast, zwei Millionen Alleinerziehende würden unweigerlich am psychischen Abgrund stehen!

Wenn alle Vollzeitmuttis und Hausfrauen mir vorleben würden, dass sie so wahnsinnig entspannt, glücklich und ausgeglichen sind, dass die Familienharmonie so ausgesprochen stabil und der Alltag zwischen Putzschwamm und Fleckentferner so unglaublich heilsbringend ist, dann würde ich tatsächlich noch einmal mit mir ins Gericht gehen und sagen: »Ja, ich gebe zu, so wird man zum wahrhaft zufriedenen, glücklichen Menschen. Warum strampele ich mich im Dschungel des Lebens ab? Warum kehre ich nicht um und tu es ihnen gleich?« Aber was ich erlebe, sind ausgelaugte, in Routine erstarrte Hausfrauen, die sich Rechtfertigungen zurechtlegen, warum sie »ihrem alten Leben« *nicht* nachtrauern müssen. Die selten den Schneid haben, auf Risiko zu spielen, aufs Ganze zu gehen und sich kompromisslos der Fülle des Lebens zu stellen. Es sind Frauen, die den Kopf in den Sand stecken, wenn der Mann immer weniger nach Hause kommt, wenn die ganze Nachbarschaft weiß, dass er eine Geliebte hat und sich mit der auch gerne mal ein langes Weekend im Wellnesshotel herausnimmt. Es sind Frauen, die eines Tages nicht mal mehr zu fragen wagen und jede Krise weglächeln.

Diese Probleme hat man als Alleinerziehende nicht!

Aber es gibt sogar Minoritäten, die sind noch kleiner als die suizidalen Alleinerziehenden. Diese kaum messbare Unterrandgruppe einer Minderheit ist prozentual noch viel geringer als die der Alleinerziehenden, wahrscheinlich aber immer noch größer als die der suizidalen Frauen mit Kind. Es ist die Großfamilie!

Familien mit 5 Kindern oder mehr liegen in Deutschland bei unter 1%! Z.B. die Generalanwältin am EU-Gerichtshof, Prof. Dr. Juliane Kokott, 48, Mutter von sechs Kindern. Auch für sie gilt: »Wir sind im Mikrozensus gar nicht ausgewiesen.«* Das ist auch so ein Eigentor der Mutterkreuzphilosophin Eva H.: Die Großfamilie, für die sie so fanatisch plädiert, ist statistisch in der BRD gar nicht vorgesehen. Das in den Eva-Thesen propagierte Modell findet nicht statt! Es gibt zur Institutionalisierung kinderreicher Großfamilien nicht mal Formulare. Ob man dann sechs oder zwölf Kinder hat, wird über einen Kamm geschoren und wahrscheinlich unter »Katastrophe« abgeheftet.

Bei denen, die nicht zum Häkelkreis der Eva H. gehören, klingt der Tenor deshalb auch völlig anders: »Seit ich ein Kind habe, könnte ich am Leben nie wieder so verzweifeln, dass ich sage: ich will nicht mehr!«, sagt die alleinerziehende Filmproduzentin Ariane Krampe, Mutter zweier Kinder.**

Lebens- und Sinnkrise gab es auch bei mir auch nur vor Kind und Mutterschaft. Als ich mich nämlich den egozentrischen Psychospielchen diverser Männer ausgeliefert habe, die mich benutzten, um ihr marodes Selbstbewusstsein aufzupolieren. Im Eva-Prinzip nennt sich das »einen Mann suchen«. Das ist endgültig vorbei. So tief wie in die Abhängigkeit von Männern werde ich nie wieder fallen können. Mein Sohn verdoppelt mein Glück und halbiert mein Unglück. Ich bin eine Extremform der Ich-AG und übe alle Funktionen in einer Person aus. Und ich kann mir dabei nicht mal den Luxus leisten, krank zu werden. Ich trage die ganze Verantwor-

* Aus: Anke Dürr, Claudia Voigt, *Die Unmöglichen*, München 2006, S. 211

** Anke Dürr, Claudia Voigt, S. 134

tung allein und habe gelernt, meine Zeit und Energie optimal zu nutzen.

Man kann das Leben nicht verlängern, nur vertiefen. Das tue ich.

Die Zeit, die ich nicht mit meinem Kind verbringe, muss optimal genutzt werden, und die Arbeit muss sinnvoll genug erscheinen, um mein Kind außer Acht zu lassen. Nach getaner Arbeit möchte ich möglichst schnell zu meinem Kind zurückkehren und die verbleibende Zeit qualitativ wertvoll gestalten. Da wird weder vor der Glotze weggedöst noch das Kind vor den Gameboy gesetzt, damit Mama ungestört telefonieren kann. Da wird aus dem Leben rausgeholt, was rauszuholen ist. Alle Alleinerziehenden, die *ich* kenne, berichten, dass sie nie so effizient gearbeitet haben und organisiert waren wie seit der Geburt ihrer Kinder! Natürlich geht man mit Freizeit und Freundschaften selektiver um als früher, aber die, denen man seine Zeit schenkt, rücken umso näher. Unglück sieht in meinen Augen wirklich anders aus.

Das Idyll der bürgerlichen Kleinfamilie ist ein ausgedientes deutsches Nachkriegsmodell. Was da im Eva-Prinzip heraufbeschworen werden soll und als »Normalität« und Ideal verkauft wird, hat es so nie gegeben. Es ist ein Trugschluss, dass die Mütter vormals rund um die Uhr wie eine Glucke ihre Kinder »bespaßt« haben. Was Frau H. als heile alte Welt propagiert, ist eine Lüge! Die Bauernfamilien früher arbeiteten hart auf dem Feld, jahrein, jahraus, egal bei welchem Wetter, ohne Urlaub oder Freizeit. Hochschwanger ging's zur Kartoffelernte, und die Erdanziehungskraft erledigte in der Hockstellung eine Entbindung geradewegs in die Ackerfurche. Ohne Verhütungsmittel bekamen schwerstarbeitende Frauen nebenher im Schnitt acht bis zwölf Kinder, von denen nur die Hälfte überlebte! Kindbettfieber, Blutvergiftungen, Milchstau all inclusive. Und zum Happy-weekend-Tarif ihres Hardcovers will uns die Gutenachrichtenverkünderin weismachen, es sei noch *»nie so schwierig gewesen wie heute, eine Frau zu sein«*. (S. 206)

Die Adeligen überließen hingegen schon immer die Erziehung der Kinder dem Personal. Gebildete Kreise kamen mit der Unbill ihrer Brut gar nicht in Berührung. Da wurden die Kinder nur sauber und gestriegelt zum Küsschengeben herumgereicht. Die bourgeoise Kleinfamilie hat sich aus diesen beiden Extremen als goldene Mitte herauskristallisiert. In ihrer Umsetzung erfuhr sie die absonderlichsten Deformationen. Da kann man nur darauf setzen, dass durch die Globalisierung Frauen die Chance bekommen, es besser zu wissen. Im zivilisierten, kulturell so erhabenen Frankreich war es schon immer normal, dass sich die Kinder nach dem Leben der Eltern richten und nicht umgekehrt.

Ein Idyll mag eine gewisse Zeit lang funktionieren, aber mit der Entwicklung ihrer Menschen und gesellschaftlicher Umstände ist der Mikrokosmos »Familie« in ständigem Wandel begriffen. Aufgerüttelt wird die Mehrzahl der Frauen erst, wenn die Kinder eigene Familien haben, wegziehen, ins Ausland gehen oder in Distanz zur Schwiegermutter ihrer eigenen Verwirklichung nachgehen. Was steht dann den abgewickelten Muttis bevor?

Massen alt gewordener Ex-Girlies, die dem Rausch verfallen sind, endlich einen Partner abgekriegt und sich reproduziert zu haben, werden in 20 Jahren mit einem bösen Kater erwachen, wenn es sich im Herstellen von

Salzteigtürschildern, Makrameeampeln und Strumpfblumensträußchen im Frauenkreis ausgebastelt hat.

Falls sie überhaupt so lange durchhalten! Aber mit dem Eva-Prinzip in der Hand werden sie wahrscheinlich irgendwo als Azubi auf der Matte stehen und den Anweisungen ihrer dann berenteten Predigerin »Zurück in den Beruf mit Mitte 40« folgen.

Diese Krisenherde persönlicher Neuorientierung bleiben den Alleinerziehenden erspart. Es ist ein fataler Fehler von Frau H., die Alleinerziehenden zu unterschätzen! Wie viel Hochmut und gefährliche Ignoranz insbesondere der deutschen Geschichte gegenüber muss dazugehören, ausgerechnet die Alleinerziehenden als suizidal gefährdet und depressiv einzuschätzen? Wer hat denn nach dem Krieg wieder Schwung in den Laden gebracht? Mutti allein ohne Zuhause!

Schon nach 1945 waren Alleinerziehende nichts Besonderes, nur gab es damals das Wort noch nicht. Da nannte man sie »Kriegswitwen«. Diese Frauen haben Trümmer tonnenweise weggeräumt, gemauert, gemalert, Leitungen gelegt, Bäume gefällt, Feuer gemacht und – damit die Kinder überleben – selbst auf alles verzichtet. Sie waren allein, waren die gute Seele im Lazarett, hatten Kinder, keinen Beruf, menschliche und materielle Verluste zu beklagen und ein gigantisches Ausmaß an Elend zu verkraften. Und es wäre ihnen inmitten dieser Feuertaufe nicht im Traume eingefallen, sich das Leben zu nehmen.

Und da kommt fast 60 Jahre später Eva H. und traut Alleinerziehenden so absolut gar nichts zu? Wenn es überhaupt eine Gruppe gibt, die gegen alles gefeit zu sein scheint, dann sind es ja wohl wir! Aber Eva, bei

Fliegeralarm, ohne Waschpulver und Windeln und ohne Handy, da hätte ich auch dich noch an die Hand genommen und zurückgehalten, wenn du blauäugig und verstört die alles entscheidende Sekunde zu früh aus dem Luftschutzkeller hättest flüchten wollen. Irgendeine Alleinerziehende hätte im Grauen des Bombenhagels nicht nur ihre Kinder, ihr eigenes, sondern auch noch *dein* Leben gerettet! Das hoffe ich aus tiefstem Herzen. Denn wir sind immer dort, wo Not ist, mit helfender Hand zur Stelle. Weil Überleben uns zur zweiten Natur geworden ist. Weil unsere Sinne geschärft sind für das, worauf es ankommt. Alles andere würde uns das Leben kosten! Und das lassen wir uns entgegen deiner Prognosen nicht nehmen.

Ich hoffe, du kommst bei mir persönlich vorbei und entschuldigst dich dafür, dass du 2,2 Millionen Alleinerziehende beleidigt hast! Ich warte!

Und wenn's dir nicht passt, hier noch mal von oberster Instanz, zum An-deinen-Spiegel-Kleben: Unabhängig von den Belastungen und trotz der vielfältigen Probleme, mit denen viele im beruflichen und finanziellen Bereich konfrontiert waren, ist die Mehrzahl der Alleinerziehenden mit ihrer Lebenssituation zufrieden. So eine Pressemitteilung des Verbandes der alleinerziehenden Mütter und Väter im Jahre 2000.

8. Von Gebärmaschinen und Designerkindern oder: Die Herman'sche Rassenlehre

Eva H. schreibt:

- *Die Natur hat es so eingerichtet, dass »Partnerwahl zugleich die Wahl des idealen zukünftigen Vaters bedeutet«.* (S. 168)
- *Und »unbewusst folgen wir unserem evolutionären Programm, das die Fortpflanzung als höchste Priorität vorsieht.«* (S. 168)
- *Trotz modebedingter Schwankungen lassen vor allem »hoher Wuchs, glatte Haut, gesunde Zähne und volle Haare« einen Menschen anziehend erscheinen.* (S. 168)
- *Bei Männern kommen außerdem »eine gut ausgebildete Muskulatur, ausgeprägte Gesichtskonturen und eine energische Körpersprache hinzu, bei der Frau sanfte Rundungen mit den ›ewig-weiblichen‹ Proportionen von Hüfte und Taille, weiche Gesichtskonturen und volle Lippen.«* (S. 168)
- *»Ein Mann, der Blumensträuße vor die Tür legt, originelle Liebesbotschaften per SMS verschickt oder den Verlobungsring im Erdbeersorbet versteckt, hat deshalb weit mehr Chancen, ausgesucht zu werden, als ein Mann, der beiläufig fragt: ›Gehen wir zu dir oder zu mir?‹«* (S. 171 f.)

Also Eva, Schönheit unterliegt sowieso nur einem einzigen Gesetz: Egal wie viel man investiert hat, um attraktiv zu sein, egal wie schlank, fit und braun man ist, der eine Tag, an dem wir eine Wurzelbehandlung hatten und mit Schmerzen und schiefem Mund im Jogginganzug verstört in die Apotheke taumeln, um Schmerzmittel zu besorgen, wird der Tag sein, an dem wir rein zufällig unserem Ex-Liebhaber in die Arme laufen!

Seit Urzeiten hat man uns beigebracht, dass Frauen an ihrer Schönheit gemessen werden. »Männer werden visuell durch das erregt, was sie sehen«, wird uns erzählt. Doch inzwischen beziehen wir unsere Informationen aus zeitgemäßeren Quellen. »Wenn's sein muss, ficken Männer alles«, lesen wir dort. Das haben unsere Mütter uns natürlich verschwiegen.

Aber was stimmt denn nun? Müssen wir überhaupt schön sein, oder kriegen wir sowieso einen rein?

Ja, es ist wahr, viele Männer sind auf »physische Ideale« fixiert. Aber der Herrgott gibt seinen Kindern in der Gesamtbreite ihrer Spezies dieselben Chancen. Das ist ein Darwin'sches Gesetz!

Was Männer nämlich als »ideal« betrachten, hat eine viel größere Bandbreite, als Frauen gemeinhin annehmen. Kerle stehen nun mal auf dicke Frauen, junge Frauen, alte Frauen, haarige Frauen, unbehaarte Frauen, maskuline Frauen, tätowierte Frauen, hässliche Frauen, dominante Frauen, verfettete Wuchtbrummen, Bohnenstangen, Zwerginnen, Ballenfüße, Cellulitisärsche und Damenbärte. Ihre erotischen Möglichkeiten kennen keine Grenzen. Sie stehen auf alles! Auf Rubensfrauen mit Kuheutern ebenso wie auf asiatische Kindfrauen mit Bügelbrettbrust.

Die Natur kennt keinen Rassismus, den hat erst der sündige Mensch in die Welt gebracht.

Das muss man sich wirklich mal auf der Zunge zergehen lassen, dass ein Mann, *»der Blumensträuße vor die Tür legt, originelle Liebesbotschaften per SMS verschickt oder den Verlobungsring im Erdbeersorbet versteckt«*, mehr Chancen hat, ausgesucht zu werden, als einer, der *»beiläufig fragt: ›Gehen wir zu dir oder zu mir?‹«*

Das von Frau Herman skizzierte ideale Partnerprofil klingt wie das Portfolio eines Heiratsschwindlers!

Laut ihrer Forschungsstudien, die sie womöglich unter größten persönlichen Risiken und vollstem Körpereinsatz direkt von Mutter Natur erworben hat, sollte der möglichst starke, statushöhere, hochgewachsene Blumenbote gut ausgeprägte Gesichtskonturen, kräftige Muskulatur, gesunde Zähne, glatte Haut und eine energische Körpersprache haben. Wahrscheinlich erkennt man die Tauglichkeit, *»Frau und Nachwuchs verteidigen«* (S. 169) zu können, schon daran, wie er mit seiner energischen Körpersprache das Blumenbukett vor die Tür knallt. Und trotz *»modebedingten Schwankungen«* seiner Eva mit den Zähnen die Bluse vom Leib reißt. Das ist wirklich ein Klassiker aus dem Lore-Roman, den die Blondinendarstellerin Eva H. da gelandet hat! Sag mal, Frl. Neunmalklug, schämst du dich denn eigentlich gar nicht?

Aber du hast natürlich in deiner Evolutionstheorie auch den von dir im Einvernehmen mit der Natur genehmigten Entwurf der begattungswürdigen, balzenden Frau vorgelegt: *»sanfte Rundungen mit den ›ewig-weiblichen‹ Proportionen von Hüfte und Taille, weiche Gesichtskonturen und volle Lippen.«* (S. 168) Denn: *»So* *könnte in etwa seine Vorstellung sein: Wenn sie mich einlädt und lecker für mich kocht, ist sie die Richtige, denn sie wird auch meine Kinder gut versorgen.«* (S. 169)

Ganz und gar schmallippig lade ich an dieser Stelle dich, liebe Eva, ein, als Controllerin zu überprüfen, was alles so am Spielplatz als Mutter anzutreffen ist! Der Mehrzahl wäre doch nach deiner Maxime gar nicht gestattet zu brüten: wegen der falschen Lippenkonturen, weil das Hüft-Taillen-Maß nicht stimmt oder die Gesichtskonturen nicht weich genug sind. Was machst du mit denen, die laut deines Selektionsverfahrens durchs Raster fallen und trotzdem geboren haben? Registrierst du sie als »Mängelbefund«? Oder als »zweite Wahl«? Oder gar als »leicht beschädigt«?

Was, wenn die von dir als »schadhaft« kategorisierten Frauen Rentenzahler produziert haben und gar nicht kochen können? Was, wenn eine Frau mit schlechter Haut denkt, sie kocht, während sie nur ein Butterbrot schmiert? Es gibt nichts Schlimmeres als eine Frau, die nicht kochen kann und es trotzdem tut. Was, wenn eine wohlmeinende Mutti bei dem Versuch, ein eckiges Sandwich mit runden Tomatenscheiben zu belegen, einen Nervenzusammenbruch kriegt?

Wer schreitet da ein? Was, wenn nur die mit den falschen Maßen etwas für die Geburtenrate tun? Oder wenn gute Köchinnen schmale Lippen haben? Und Himmel, wie verfährst du mit all denen, die sich ausgerechnet mit den statusniederen, kleinwüchsigen Männchen gekreuzt haben, die wenig ausgeprägte Gesichtskonturen, schiefe Zähne und eine schlaffe Körpersprache haben? Verstehe ich dich richtig, dass du uns nicht nur sagen willst, dass wir mehr Kinder fürs Vaterland kriegen sollen, sondern gefälligst auch noch in Paarungsvarianten, die den Eva-H.-Kriterien genehm sind? Was, wenn die mal deine Rente zahlen, die dir nie hübsch genug waren?

Du rätst uns also zu Designerkindern!

Statistisch gesehen kriegen aber die armen Leute (oder – wie man in FDP-Kreisen sagt – die »falschen Leute«) die meisten Kinder! Was meinst du, was nachts in Neukölln gerammelt wird! Da kann man ja gar nicht mehr das Fenster offenlassen! Rund um den Hermannplatz werden beim Sex sogar Gebetsverse gemurmelt. Das weiß jeder, der dort wohnt, weil in den geschlossenen Hinterhöfen alles so schon echomäßig hallt. Da kommt es vor, dass der Hauswart nach oben brüllt: »Mannometer, macht doch mal dit Fenster zu!«

Wie kommt denn das, wenn doch die Frauen laut deiner Studien automatisch patente Versorger mit teuer saniertem Gebiss suchen? Die Männer, die die meisten Kinder zeugen, sind das vielleicht sogar die kleineren mit schlechten Zähnen? Noch dazu arbeitslos? Am Ende etwa nicht mal blond? Sind solche Familien denn dann auch *»Rückzugsgebiet«* und *»Kraftspeicher«* (S. 254)? Warum werden die meisten Kinder da geboren, wo die wenigsten Versorger unterwegs sind? Und von den Figurproblemen in Cellulitis-City wollen wir jetzt gar nicht reden. Vielleicht wird eines Tages dein Treppenlift von einer Art arabischer Hängebauchmatrone finanziert? Bleibst du dann lieber unten stehen, oder lässt du dich trotzdem hochfahren?

Bitter, nicht wahr? Und weißt du was? Es kommt noch bitterer: Denn was sollen eine Million mehr Kinder, wenn es für die später mal gar keine Arbeit gibt? Das wären ja eine Million mehr Arbeitslose! Ich weiß auch, dass es so nicht weitergeht und mit der Geburtenrate was passieren muss, aber ich kriege es mit der Angst zu tun, wenn ich beobachte, wie die Politik sich nicht dafür entscheidet, Bedingungen zu schaffen, die uns animieren und stimulieren, Kinder in die Welt zu setzen. Und zwar unabhängig vom Bildungsstand.

Die Politik hätte die Möglichkeit, alles dafür zu tun, dass Kinder kein Armutsrisiko mehr sind. Sie denkt aber nicht daran, die Umstände zu ändern. Stattdessen sieht es ganz finster aus, Eva, denn ich eröffne dir hiermit, dass die von dir benannten Mannweiber im Gebärstreik auf männliche Lebenskonzepte treffen, die von ihrem Zeugungsverweigerungsrecht Gebrauch machen.

Da muss man wirklich um seinen staatlich finanzierten Treppenlift bangen. Du wirst jedenfalls nicht zu den Härtefällen gehören, die den Zuschuss dafür genehmigt bekommen!

Denn junge Männer wollen von Familiengründungen immer weniger wissen. Ihnen sind die persönlichen Freizeitinteressen, Sport, Hobbys und Urlaubsreisen wichtiger. Sie sehen sich nach einer aktuellen Befragung des BAT-Freizeitforschungsinstituts nicht als Familienvater und nicht als Hauptemährer. Diese vielleicht sogar hochgewachsenen Familiengründungsverweigerer mit guten Zähnen und ausgeprägter Gesichtsmuskulatur bilden eine Gruppe von 43 % ihres Jahrgangs. Bei den jungen Frauen wollen nur 23 % kinderlos bleiben. Damit gibt es doppelt so viele männliche Familienverweigerer wie weibliche! Da lernen sich vielleicht zwei Exemplare kennen, die dein 1-A-Gütesiegel erhalten, und dann wollen die nur verreisen, Spaß haben und »erst mal ins Ausland gehen«. Die demographischen Folgen lassen nicht auf sich warten: Ein Drittel der Bevölkerung wird kinderlos bleiben.

Das ist doch echt traurig für die Frau mit sanften Rundungen und dem richtigen Lippenvolumen. Denn der sicherste Weg, heutzutage einen Mann loszuwerden, ist zu sagen: »Ich liebe dich, heirate mich, ich will ein Kind von dir!«

Und während 70 % aller Frauen sich immerhin noch Kinder wünschen und auch bekommen, werden 40 % aller Männer niemals Vater. Einer Gebärmaschine in die Augen zu schauen löst bei Männern Fluchtverhalten aus. Manchmal sogar bei Verheirateten, die schon Kinder in die Welt gesetzt haben. Kein Wunder: In Zeiten, in denen es keine Beschäftigungs- oder Ausbildungsgarantien gibt, ist Familiengründung zum Wagnis geworden. Und Eva, jetzt hoffe ich wirklich, du sitzt, denn: Je höher der Bildungsabschluss ist, desto größer ist die Angst vor Verantwortungsübernahme. Und je mehr die Leute nachdenken, desto weniger Kinder kriegen sie. Wer dreimal darüber nachdenkt, ob dieses Land würdig ist, Kinder darin aufwachsen zu lassen, sagt: »Nein, danke!« 56 % der Abiturienten verweigern die Familiengründung, was die hohe Kinderlosigkeit unter Akademikern erklärt. Es fehlt einer ganzen Generation, deren Zukunft sich nicht mehr langfristig planen lässt, der Mut, sich für Kinder zu entscheiden.

Angst vor Armut, Angst vor Wohlstandsverlust führt zur Verweigerungshaltung der jungen Männer. Und insgeheim auch die Angst vor Alimenten. Bis im nächsten Jahr hoffentlich die neue Unterhaltsgesetzgebung in Kraft tritt, müssen deutsche Männer ja nicht nur für ihre Kinder löhnen, sondern, wenn sie Pech haben, noch

Jahre oder jahrzehntelang für eine womöglich sogar kinderlose Ex-Ehefrau. Und umgekehrt. Eine Frau, die vielleicht mit Glück in einem Job gelandet ist, der besser honoriert wird als die Arbeit ihres Partners, muss ihren Ehemann bis ans Ende seiner Tage ernähren, falls dieser sagt: »Ich fühle mich nicht in der Lage zu arbeiten, habe Depressionen! Die Arbeitsangebote, die ich bekommen habe, liegen mir nicht.«

Einmal gut geheiratet, und nicht nur Frauen können sich bis ans Lebensende schamlos ganztags die Fußnägel polieren; einmal zu schnell »ja« gesagt, und Mann darf von seinem guten Gehalt gerade mal noch ein paar Hundert Euro selbst behalten. Eigentlich ja konsequent vom Staat, wenn man bedenkt, dass in Deutschland die arbeitende Frau immer die Ausnahme war.

Aber wir Frauen *wollen* nicht nur, wir *sollten* uns auch selbst versorgen können. Was ist das für eine verlogene Gleichberechtigung, wenn ehemals unabhängige Frauen zum Mann ihres Herzens sagen: »So, und jetzt finanzierst du mich mal schön bis ans Ende deiner Tage! Bis dass der Scheidungsrichter uns scheidet. Und die 250 000 €, die mein Medizinstudium den Staat gekostet hat, egal! Dafür gibt's ja genug karrieregeile Arbeitssklaven, die vom Finanzamt ausgepresst werden wie eine Zitrone. Die finanzieren mir später auch mal Wohngeld und meine Beihilfe für eine neue Waschmaschine, denn arbeiten will ich in diesem Leben eigentlich nicht mehr.«

Nun rechne dir, liebe Eva, doch mal an deinen bescheidenen 10 Fingerchen aus, was bei diesen miesen Grundvoraussetzungen den jungen Männern, falls sie sich doch noch mal zur Zeugung breitschlagen lassen, lieber ist? Eine Frau, die a.) selbst arbeitet und eine qualifizierte Ausbildung hat? Oder b.) eine Frau, die zu Hause sitzt, an guten Tagen mal den Staublappen in die Hand nimmt und ansonsten »segensreich im Leben des Mannes wirkt«?

Man kann dieser Jugend keinen Vorwurf machen und ihr erst recht nicht ins Gesicht schreien: »Wer soll meine Rente zahlen?« Denn in Umbruchzeiten der Globalisierung aufgewachsen, haben die jungen Männer ihr persönliches Lebenskonzept noch nicht gefunden. Sie sind weniger bereit, sich in ihren persönlichen Freiheiten einzuschränken. Selbst wenn die junge Generation Sehnsucht nach Familie hat, wird der Interessenkonflikt immer größer: sosehr der Wunsch nach Kindern vielleicht wächst, so sehr wächst die Befürchtung, sich selbst aufgeben zu müssen. Das sind übrigens die gleichen Ängste, die junge, beruflich ambitionierte Frauen auch umtreiben!

Wenn die Politik und die Wirtschaft Interesse daran haben, dass Nachwuchs »produziert« wird, dann haben Politiker und Unternehmer auch für familienfreundliche Arbeitsstrukturen zu sorgen, dann ist es ihre Pflicht, »Vaterfreuden« und »Mutterglück« neu zu definieren. Genau wie die Frauen es nämlich seit Jahrzehnten tun, ist es nun an den Männern, Doppelkompetenz zu erwerben. Und Vereinbarkeit zu fordern und vorzuleben! Der »neue Mann« sollte die Chance bekommen, zwei Fragen des Lebens mit Ja beantworten zu können: »Zufrieden mit Job und Einkommen?« und »Genug Zeit für Kinder und Familie?«

Männer müssen, liebe Eva, nicht weniger, sondern noch viel mehr eingebunden werden! Einst bedeuteten Kinder das größte Glück im Leben, heute fällt den jungen Männern dazu nicht mehr ein als »Konsumverzicht!« Es wird geklagt, dass man sich Kinder nicht leisten kann, aber das schickste Cabriolet und der Tauchurlaub tragen zum Ansehen bei. Früher wurde gespart und verzichtet, bis man den Habseligkeiten näher kam. Heute wird teuer essen gegangen und dafür dann eben auch am Wochenende gearbeitet. Und nach Feierabend wartet schon das Date im Fitnesscenter.

Und du willst das ja so, dass alle schick rumlaufen. Dein idealer Vater und Ernährer trägt nicht nur selbst Hilfiger, sondern seine Designerkinder rennen auch in Markenklamotten rum.

9. Super-Eva in Nöten oder: Religionsunterricht mit Désirée Nick

Eva Herman schreibt:

- *»Wir wurden vom Schöpfer mit unterschiedlichen Aufträgen in diese Welt geschickt.«* (S. 49)
- *Das Eva-Prinzip »drückt Hoffnung aus, Lebensfreude, einen Sinn für Werte. [...] Es schenkt Liebe und Sicherheit, Treue und Zuverlässigkeit.«* (S. 59)
- *»Verabschieden wir uns vom Ich.«* (S. 59)
- *»Und so muss es auch Eva sein, die die Schlange nun verbannt und die Sache wieder in Ordnung bringt. Mit einem Apfel – der Versöhnung.«* (S. 262)

»Ich mach mir die Welt, wie sie mir gefällt«, das wäre doch für die Swing-Sängerin Eva H. der Hit ihres Lebens! Aber auch eine Wiederauflage des Songs »Schwarzbraun ist die Haselnuss« stände ihr gut zu Gesicht.

Als Musikproduzentin würde ich dem Eva-Prinzip direkt den Song zum Buch folgen lassen. Da könnte man den alten Schlager aufbereiten: »Weine nicht, dass du ein Negerlein bist!«

Diese deutschen Kassenschlager, zusammen mit Evas Buch, das wäre doch ein erster Schritt in Richtung Corporate Identity! Denn aus der Stümperei des Eva-Prinzips Kleinholz zu machen, ergibt sich ganz von selbst.

Es ist nicht nur ein Modell, das nicht ausbaufähig ist und keiner seriösen Betrachtung standhält, sondern es ist menschenverachtend und volksverhetzend.

Dieses Machwerk ist eine Katastrophe!

Es hätte der Frau Herman wirklich kein dümmeres Missgeschick unterlaufen können, als dass ihre Kette von Falschmeldungen, genannt *Buch*, in die Hände einer studierten Theologin, ehemaligen Religionspädagogin bis zur Oberstufe fällt. Noch dazu einer lästernden Theologin, vielleicht sogar der weltweit ersten historisch je in Erscheinung getretenen alleinerziehenden, feministischen Lästertheologin der Welt! Und dass ich meine Hausaufgaben in Exegese und Dogmatik gemacht habe, das führe ich meiner Leserschaft im Folgenden vor!

Falten wir also brav unsere Hände für ein bisschen Religionsunterricht mit Prof. Dr. Désirée Nick.

Die Wahrheitsfindung, die Analyse, beginnt bei sauberer Auslegung immer mit der Suche nach dem Wortstamm. Was wissen wir über Eva? Wie konnte es passieren, dass eine züchtige Nachrichtenvorleserin plötzlich alle Frauen zum Sündenbock macht? Warum setzt sich die lustige Volksmusikmoderatorin und Swing-Sängerin an die Stelle Gottes?

Beginnen wir also beim Urschleim: Der Ursprung des Namens *Eva* ist gar nicht so »dunkel«, wie selbst Theologen das bisweilen meinen. Sucht man nach Ableitungen aus anderen Sprachen und in der Mythologie, kommt man zu dem Schluss, dass sich hinter dem Namen Eva die Erinnerung an den in Palästina früher einheimischen Kultus der »großen Mutter« verbirgt. Der Name »Eva« oder hebräisch »Chawa« weist auf den Namen der griechischen Göttin »Hebe« hin.

Wenn wir uns vergegenwärtigen, dass es bei den Griechen zu Ehren der Gottheiten kultische Tempel-Prostitution gab, so war es ein raffinierter psychologischer Schachzug der Verfasser der Adam-und-Eva-Erzählung, diese Göttin »Hebe« zu einer »Menschin« zu degradieren und somit unter das Gesetz des neuen, anderen Gottes zu stellen.

Und unter diesem neuen Gott kommt sie mit ihren alten »Gebräuchen« in Konflikt: Die Verführungskunst, ihre Nacktheit, die Sünde und die Schamhaftigkeit, also die sexuelle Freizügigkeit, die bei den Göttinnen zum Gottesdienst gehörte, ist erst seit dem Alten Testament schlecht und Teufelswerk.

Mit dem Schöpfungsepos ist der Anfang für Liebe und Partnerschaft von Mann und Frau zwar gelegt, aber die Erzählung von der ersten Begegnung eines Paares endet mit der Vertreibung aus dem Paradies. Ist das nicht aufschlussreich genug? Nicht mal die Bibel verspricht einen glücklichen Ausgang, wenn Mann und Frau sich miteinander einlassen. Und statt eines Happy Ends lesen wir von der Vertreibung aus dem Garten Eden.

Ich glaube, als Gott die Menschen erschuf, hat er an Adam erst mal geübt. Der Mann an sich war so was wie Gottes Entwurf. Quasi der Rohbau. Und als der liebe Gott im zweiten Anlauf die Frau aus seiner Rippe formte, hat er die Fehler korrigiert und folglich an Eva ein paar Verbesserungen vorgenommen. Dann erst war er mit seinem Projekt zufrieden. »Denn er sah, dass es gut war«, schreibt die Bibel.

Allerdings ist Gottes Rechnung nicht ganz aufgegangen. Er hat nämlich den fatalen Fehler gemacht, der Frau Verstand zu verleihen. Seitdem gibt es den Krieg der Geschlechter. Manchmal kommt es auch zum Krieg zwischen zwei Evas!

Der aufmerksame Leser hat längst bemerkt, dass die Autorin des Eva-Prinzips nicht nur im Umgang mit theologischer Terminologie ihre Kapazitäten weit überschreitet. Aber genauso pietätlos, wie sie bei ihrer Bibelanalyse den eigenen Dilettantismus zur Schau stellt, so missbraucht sie auch ihr biologisches Grenzwissen, um daraus Kapital zu schlagen. »Schamlos« nennt sich das im theologischen Terminus. Was haben wir darunter zu verstehen? Eva H. schützt nicht das, was uns am Leben erhält. Stattdessen entblößt sie sich selbst in ihrem Unwissen. Sie wird nicht müde, immer wieder anzuführen, die Vermännlichung der Frau, der Arbeitszwang, die flachen Schuhe und das Karrierekostüm hätten unseren Hormonhaushalt bereits deformiert. Eva weiß: *»Biologen wissen heute recht genau, wie sich der Hormonhaushalt von Frauen verschiebt, die männliche Verhaltensweisen übernehmen.«* (S. 77) *»Die vermehrte Ausschüttung von männlichen Hormonen führt medizinisch gesehen zu einer stärkeren Verhornung der Haut, was Akne stark begünstigt.«* (S. 78) *»Der Grund für diese ›Spätakne‹ sind meist Hormonstörungen, die durch unbewältigten Stress ausgelöst werden.«* (S. 78)

Dadurch gerate laut Eva H. der gesamte Schöpfungsauftrag in die Schräglage. Sehr zum Leidwesen von Gottes Schäflein Frau H. möchte ich unseren emanzipierten Hormonhaushalt einer genaueren Betrachtung unterziehen. Sind Pickel der Preis der Frauenbewegung? Ist Akne die Schwester des Erfolges? Welches Hexengemisch pumpt sich da eigentlich durch unseren frauenbewegten Organismus?

Hormone sind körpereigene Wirkstoffe, die zusammen mit dem Nervensystem das Zusammenwirken der Zellen und Organe im Organismus steuern. Daneben gibt es weitere Botenstoffe, so genannte Neurotransmitter und Neuro-Hormone (Neuro = griech. Nerven) oder Psycho-Drogen, die besonders bei seelischen Abläufen im menschlichen Organismus eine Rolle spielen. Sie werden teilweise automatisch in einem bestimmten Lebensalter produziert, teilweise auch je nach Situationen, in denen sie gebraucht werden. Wir unterscheiden im Einzelnen schmerzstillende, morphinähnliche Stoffe (Endorphine), angstlösende Substanzen (das sogenannte Endovalium), LSD-ähnliche endogene Drogen, anregend wach machende Neurohormone (z. B. Noradrenalin) oder phantasiefördernde Transmittermoleküle (z. B. Dopamin).

Von Bedeutung für die Sexualität sind zunächst einmal die weiblichen und männlichen Geschlechtshormone, die unsere Natur sozusagen von sich aus produziert und die nicht nur für die Fortpflanzung wichtig sind, sondern die auch unser seelisches Verhalten dabei mitbestimmen. Die Wirkung dieser Hormone kann zu einem bestimmten Zeitpunkt so stark sein, dass junge Frauen irgendwann das Gefühl haben, sich in jeden einigermaßen gutaussehenden Mann verlieben zu können, der Interesse zeigt. Wenn die biologische Uhr tickt, genügt ein Blick, und man fühlt sich bereit! Hinterher fragt man sich oft, wie es dazu kommen konnte.

Der menschliche Körper ist sozusagen fähig, seine eigenen Drogen zu produzieren. Und dabei kommt es manchmal eben zur Naturkatastrophe.

Und ich glaube ganz einfach, die Nachrichtenaussteigerin Eva H. hat beim Schreiben ihres Prinzips die Möglichkeit zu eigenerzeugten Rauscherlebnissen genutzt. Sie hat ihr Prinzip unter heftigster Produktion körpereigener Sekrete verfasst. Quasi unter Drogen stehend. Nur so wäre es entschuldbar.

Wie wir bislang gesehen haben, liegt Eva H. mit jedem einzelnen Fragment ihres Prinzips daneben – weil ja schon faktisch die einzelnen Puzzleteile unwahr sind. Es gibt da den berühmten Vergleich mit dem Gewand mit den vielen Knöpfen, bei dem man alle unteren falsch knöpfen muss, weil man beim obersten Knopf schon etwas falsch gemacht hatte. So beginnt sie schon im 1. Kapitel des Eva-Prinzips mit falschen Voraussetzungen: Berufstätige Mütter sind schuld daran, dass wir aussterben. Diese Argumente setzen sich fort und werden immer schräger. Irgendwann denkt man, man liest Science-Fiction. So schlittert die Autorin mit all ihren falschen Ableitungen in die soziologische Katastrophe.

Obwohl die *Glaubwürdigkeit* eine der elementaren Bedingungen für einen sachlichen und angstfreien Umgang der Menschen miteinander ist, scheint vielen Menschen überhaupt nichts daran gelegen zu sein, glaubwürdig zu sein. Zumindest nicht der Verkünderin der Nachrichten, die ja ein Format vertreten hat, welches von höchster Glaubwürdigkeit und Seriosität lebt!

Da das Eva-Prinzip im Glaubwürdigkeitstest durchgefallen ist, könnte seine Glaubwürdigkeit nur durch die Autorin selbst aufrechterhalten werden. Doch in der viermal verheirateten Karrierefrau Eva H. waltet nicht die züchtige Hausfrau! Sie hat das Gegenteil dessen praktiziert, was sie den Frauen vorbetet. Und von der Frauenbewegung, die sie diskreditiert, in hohem Maße profitiert. Die Verfälschung der Wirklichkeit findet hier weniger mit Worten, sondern durch ihr eigenes Verhalten statt. Damit entlarvt es sich als Heuchelei! Die Heuchelei ist als Verhaltensweise der Lüge vergleichbar. Bitte kombinieren Sie, lieber Leser, an dieser Stelle selbst, wer hier als Lügner entlarvt wird!

Was wissen wir noch von unserem drolligen Forschungstierchen Eva H.?

Sie ist eine Frau. Sie bezeichnet sich als weiblich. Was will sie uns mit diesen Indizien sagen, und warum stellt sie immer wieder etwas heraus, was eh schon alle wissen? Warum betont sie auf über 200 Seiten, dass sie eine weibliche Frau ist? Was ist überhaupt eine Frau?

Frau. In den klassischen alten wie auch noch heute aktuellen Religionen (siehe Vielgöttereien wie Hinduismus, Buddhismus) war und ist die Stellung der Frau weitgehend katastrophal, ja, wir können sagen, dass alle Welt-Religionen geradezu Instrumente der Männergesellschaften waren und immer noch sind, um die Frauen zu «zähmen« und den Bedürfnissen und Wünschen der Männer anzupassen – und zwar nicht nur in der Art, dass die Frauen es gar nicht merken, wie da mit ihnen umgegangen wird, sondern dass sie es sogar noch gut finden und sich gegen jegliche Änderung wehren.

Zunächst einmal steckt hinter der negativen Einstellung zur Frau die alte Vorstellung von der sogenannten Homunculus-Theorie, dass nämlich allein der Mann Schöpfer des Nachwuchses ist. Nach dieser Vorstellung werden im Geschlechtsteil des Mannes sozusagen die kompletten Nachkommen »gezeugt« und die Frau hat lediglich eine Ammen- oder Ackerfurchefunktion. Oder modern ausgedrückt: Sie ist ein besserer Brutkasten für den Mann, um seinen Samen auszubrüten. Von daher hat sie auch Besitztum des Mannes zu sein (und wenn ein Mann sehr reich ist, kann er eben viele Brutkästen/ Besitztümer haben! Siehe der von Eva verteidigte Mikrokosmos, der Harem!).

Eva H. führt immer wieder die Natur, die Bibel und die Schöpfungsgeschichte an, um ihre Thesen zu untermauern, aber sie interpretiert die Erbsünde genau verkehrt herum. Im Grunde ist nämlich die Schöpfungsgeschichte der Bibel der menschheitlich gesehen erste Aufruf zur Frauenbewegung!

Es ist eine Parabel gegen die zur Zeit der Entstehung übliche Frauenverachtung. Bei der Erzählung von *Adam und Eva* dreht es sich also keinesfalls darum, eine biologische oder geschichtliche Erklärung für die Schöpfung und insbesondere für die Entstehung der Menschen zu geben. Das ist alles nur eine zeitbedingte Rahmenhandlung! Sie hat weder mit den ersten Menschen etwas zu tun, noch geht es um das Essen eines Apfels. (Wo steht eigentlich, dass das ein Apfel ist? Jedenfalls nicht in der Bibel! Gegessen wurde eine verbotene »Frucht«!)

Bedenken wir etwa die Situation der Frau im alten Griechenland, die uns sehr gut überliefert ist: Dass die Sklavinnen keine Rechte hatten und gebraucht wurden, wie ihren Herren es passte, war sozusagen »normal«. Die Bibel stellt sich auf die Seite derer, die für eine Einheit von Liebe und Partnerschaft und Geschlechtsverkehr sind, und gegen diejenigen, die aus allen möglichen Gründen diese Einheit hintertreiben.

Der von Eva H. immer wieder bemühte Sündenfall ist die erste Emanzipationsgeschichte des Abendlandes! Aber der Autorin fehlt jegliches Basiswissen, um einzusehen, dass sie mit ihrer Interpretation das Alte Testament entehrt. Kein Wunder, dass sich die selbsternannte Weltretterin wieder mal verkalkuliert hat, denn ohne Kenntnis des Zusammenhangs kommt bei jeder Interpretation nur Unsinn heraus, vor allem, wenn es sich um etwas aus einer ganz anderen Zeit und aus einem anderen Kulturkreis handelt.

Die Erbsünde ist nämlich die Saga vom Geschlechterkampf!

Der biblische Satz Gottes: »Es ist nicht gut, dass der Mensch allein sei. Ich will ihm eine Hilfe schaffen, die ihm entspricht«, und das Bild von der Erschaffung der Frau aus der Rippe des Mannes müssen unbedingt aus der Zeit der Entstehung der Bibel gesehen werden, in der die Frau lediglich als bessere »Sache« und auf alle Fälle nur als unvollkommener Mensch angesehen wurde, über den man nach Belieben verfügte. Und sich wunderte und ärgerte und sie bestrafte (Steinigung!), wenn sie dann zickig war. Die Aussagen der Bibel über die Frau sind also ein absoluter Fortschritt in Richtung Gleichwertigkeit und Partnerschaft zwischen Mann und Frau! Und es ist doch eigentlich verständlich, dass alles Neue und Ungewohnte natürlich nur in mythologisch anmutender Weise »unters Volk gebracht werden konnte«, weil damals die Menschheit aus Analphabeten bestand. Also bediente man sich einer Bildersprache, um aufzuklären.

Im Prinzip funktioniert das so, wie wir heute auf Metaphern der Werbung anspringen. Wenn wir im Fernsehen Fruchtzwerge, Joghurtbecher oder M&Ms sehen, die tanzen, sagen wir nicht: »Das gibt's ja gar nicht«, sondern wir denken: »Macht Spaß und ist lecker!« Auch wir verstehen es, die Bildersprache unserer Zeit zu deuten. Aber wenn man diese Informationen in 2000 Jahren findet, dann werden sich unsere Nachkommen tüchtig darüber streiten, ob Mr. Proper jemals gelebt hat!

Und so wurden vor 2000 Jahren diese damals revolutionären Erkenntnisse über die Frau eben »in Mythologie gepackt«: in die Geschichten von der Schöpfung und von der Erschaffung von Adam und Eva. Alles andere wäre einfach unrealistisch gewesen und hätte von vornherein keine Chance gehabt.

So wie die Frau »aus dem Mann« genommen ist, ist sie ihm auch zugeordnet. Und hier kommt der wirkliche und leider oft missverstandene Sinn der Bibelstelle von der »Erschaffung aus der Rippe des Mannes« sehr schön zum Ausdruck: Die Frau ist von einem Teil des Mannes gemacht, der ganz nahe bei seinem Herzen ist. Denn das Herz ist nach Auffassung des Judentums der »Sitz der Seele«, die Frau ist also etwas ganz Besonderes! Sie ist für den Mann als Partnerin konzipiert, anders als alle sonstigen Lebewesen. Und sie ist eben nicht ein Sachwert, wie das damals so üblich war! Im Arabischen, einer dem Hebräischen nahe verwandten Sprache, soll heute noch »Rippe« der Ausdruck für jemanden sein, der engster Freund ist. »Ripp« = »Kumpel«, also: »Ich bin dir nah!«

In der Geschichte von Adam und Eva wird so am Beispiel eines zeittypischen Paares in einer geschickten Mischung von frühen anthropologischen und psychologischen Erkenntnissen ganz zutreffend geschildert, dass die Menschen von ihrer Entstehungsgeschichte her erst einmal nackt waren und im Einklang mit sich und der Natur und vor allem in der Beziehung von Mann und Frau lebten. Theologisch übersetzt also in eben jenem Zustand, den die Bibel als *Paradies* beschreibt.

Mann und Frau waren Gefährten in gelungener Einheit von Leib und Seele, es gab keinen Geschlechterkampf, keine Entfremdung, kein Konsumdenken und kein Besitzdenken gegenüber dem anderen. Das Verhalten der Geschlechter zueinander war von der Denkweise des »Gebrauchs« und nicht des »Missbrauchs« geprägt. Und damit hatte auch der Geschlechtsverkehr nur innerhalb der Ordnung dieses Gefährte-Seins seinen Raum.

Unordnung kam in diese Harmonie erst, als Gefährte-Sein und Geschlechtsverkehr zwei verschiedene Dinge wurden, als Menschen mit dem Missbrauch von Geboten und der Verführung begannen.

Ich halte nochmal vor Augen: Der Hintergrund der Adam-und-Eva-Erzählung ist die im antiken Vorderasien übliche Verachtung der Frau. Der Sündenfall beschreibt die Emanzipation der Frau von der Knechtung durch den Mann. Eva handelt, denkt und entscheidet eigenständig, sie erwirbt Freiheit und Schamgefühl erst durch ihre Sündhaftigkeit. Theologisch: »Und sie erkannten, dass sie nackt waren!«

Das ist Eva H. auch, denn sie hat den gesamten Begriff der Emanzipation überhaupt nicht verstanden. Die *Emanzipation* bedeutet nämlich ursprünglich »Entlassung des Sklaven aus der Hand/Obhut des Besitzers«. Wer nicht emanzipiert ist, gilt als unmündig. Eva H. plädiert zu Beginn des 21. Jahrhunderts also vehement für die Unmündigkeit der Frau!

»Mündigkeit« heißt, jemanden für die Freiheit fit zu machen, dass er sein Schicksal in die eigene Hand nehmen kann. Dagegen spricht sich Frau H. deutlich aus. Sie will, dass Frauen ihr Schicksal dem Mann überlassen. Die Emanzipation der Frau aber sollte nicht nur die Befreiung aus ihrer entwürdigenden materiellen, sozialen und rechtlichen Abhängigkeit ihres Herrn und Ernährers sein, sondern auch dazu führen, dass sie wirklich gleichberechtigt ist und ihr Leben selbstverantwortlich leben kann – auch im Hinblick auf ihr persönliches Glück. Und das ist oft wirklich noch gar nicht der Fall.

Wie Cinderella warten die Frauen noch immer auf ein äußeres Ereignis, das ihr Leben grundsätzlich verändert. Die Amerikanerin Colette Dowling beschreibt in ihrem Buch »Der Cinderella-Komplex« die »heimliche Angst der Frauen vor der Unabhängigkeit« und beklagt, dass Tausende und Abertausende von Frauen auf eine bestimmte Weise erzogen werden und damit nie in der Lage sind, sich der Realität zu stellen, dass sie als Erwachsene allein für sich verantwortlich sind, denn die Erziehung suggeriert, dass Frauen Teil eines anderen Menschen sein würden und dass das eheliche Glück sie bis zum Tod beschützen, stärken und aufrechterhalten würde.

Trotz aller modernen Gleichberechtigung neigen Frauen immer noch zum Rückzug, wenn sie die Möglichkeit haben, vorwärts zu gehen. Denn Frauen sind nicht daran gewöhnt, sich der Furcht zu stellen und sie zu überwinden. Sie werden ermutigt, allem aus dem Weg zu gehen, das sie erschreckt. Man hat sie von klein auf gelehrt, nur Dinge zu tun, bei denen sie sich sicher und wohl fühlen. Sie sind nicht auf die Freiheit vorbereitet, sondern auf das absolute Gegenteil – die Abhängigkeit.

In diese Gefühlsschneise klinkt sich Eva H. mit ihren Apfelkuchenthesen ein. »Vielleicht wäre es doch besser für mich gewesen, den Cinderellatraum zu leben?«, fragen sich die Frauen, die der Autorin auf den Leim gehen. Jede, die sich nichts vormacht, weiß, dass sie nie dazu erzogen wurde, für sich zu sorgen, auf sich selbst gestellt zu sein und sich zu behaupten. Sie hat höchstens das Spiel der Unabhängigkeit gespielt und dabei innerlich die Jungen (und später die Männer) beneidet, weil ihre Unabhängigkeit so natürlich zu sein schien.

Nicht die Natur schenkt Männern diese Unabhängigkeit, sie wird durch Training erworben. Von Geburt an werden Männer auf die Unabhängigkeit vorbereitet. Und ebenso systematisch wird Frauen beigebracht, dass sie etwas anderes erwarten können: Sie werden eines Tages auf irgendeine Weise gerettet. Das ist das Märchen, die Botschaft, die wir mit der Muttermilch eingesogen haben. Vielleicht wagen wir uns eine Zeit lang allein in die Welt. Wir studieren, arbeiten, reisen. Vielleicht verdienen wir sogar gut. Aber bei alldem haben wir im Innern das Gefühl, dass dies nur ein vorübergehender Zustand ist. Du musst nur durchhalten, heißt es in dem Kindermärchen, und eines Tages kommt ein Mann und befreit dich aus der Angst, für immer allein zu leben. Der Junge lernt: Niemand rettet dich, wenn du es nicht selbst tust.

Retten können sich die Frauen nur durch ihre eigene Emanzipation!

»Emanzipation« unterliegt als Begriffshülse einer Inflation. Als neunmalkluge Heilsbringerin sollte Eva H. doch wenigstens zwischen äußerer und innerer Emanzipation unterscheiden können! Sie will ein neues Zeitalter, eine Rückbesinnung einleiten und hat nicht mal erkannt, dass wir schon viel weiter sind. Wer innerlich hochemanzipiert ist, hat es doch nicht nötig, dies durch Äußerlichkeiten unter Beweis zu stellen. Für Frau H. geht vom Businesslook aber eine politische Bedrohung aus, die im Gebärstreik endet, weil wir für die Männerwelt keine bunten Bienen mehr sind, die dazu animieren, dass der Bestäuber seinen Samen bei uns ablädt. O. k., kann ja sein, dass es gerade dazu noch reicht, aber die unschönen demographischen Dellen in den Geburtenraten werden erst ausgeglichen, wenn er diesen Samen auch an der richtigen Stelle und zwar zum richtigen Zeitpunkt platziert. Das hat ja die Natur ganz raffiniert eingerichtet: Dadurch wird in der Arterhaltung ein Männchen gezwungen, beim Weibchen zu verweilen, damit er überhaupt mal den genauen Stichtag trifft. Das Männchen hingegen kann jederzeit nach erfolgter Begattung weiter herumstreunern und seinen Saft verspritzen. Der Quotenregelung nach erhöht das ja nur seine Chancen auf Nachkommenschaft.

Wenn Frau H. also aus Sorge um ihr deutsches Vaterland dessen demographische Schrumpfung beklagt, dann müsste gerade sie sich doch über jedes unehelich geborene Kind freuen! Sie müsste als selbstlose Urmutter doch ihrem Ehemann für jede außereheliche Zeugung danken! Sie müsste ihren Gatten in die Welt schicken und sagen: »Geh und befruchte, dein Vaterland stirbt sonst aus!« Stattdessen tut sie die »suizidalen« Alleinerziehenden und deren Kinder als Schlangenbrut ab. Aber da ihr Wams schon bei den oberen Knöpfen von der geraden Linie abkam, verschlimmert sich ihr Prinzip mit zunehmender Vertiefung.

Die äußere Emanzipation ist erst erreicht, wenn niemand mehr in seinen Rechten und Pflichten gegenüber einem anderen benachteiligt ist. Emanzipierte Menschen können dann ihr Leben nach ihren eigenen Vorstellungen gestalten und sich mit anderen zusammentun, wenn eine Gemeinschaft zu dieser Gestaltung erforderlich ist. Sie können auch heiraten, Kinder kriegen und Hausfrau spielen, wenn sie das wollen. Aber wenn ihnen eines Tages die Decke auf den Kopf fällt oder der Alltagsfrust die Oberhand gewinnt, dann können sie auch sagen: »Schatzi, ich arbeite jetzt wieder, gib deine Hemden bitte in die Reinigung!«

Der emanzipierte Mensch »besitzt« also das Wahlrecht, kann einen Reisepass, einen Führerschein haben und ist unabhängig von der Bevormundung durch Eltern, Lehrer, Ehepartner oder Kirche. Er kann frei entscheiden, welchen Beruf er ergreift, welcher Konfession er angehört und ob er sich vom Religionsunterricht abmeldet, welche Verträge er abschließt und wen er heiratet. Schließlich liegt es natürlich auch in seinem Belieben, ob und wie er sich versichert, wie er sich bei Krankheiten behandeln lässt, ob und welche Drogen er konsumiert, wie lange und wo er tags und nachts seine Zeit verbringt und auch, mit wem er Geschlechtsverkehr hat, ob und welche Verhütungsmittel er benutzt oder auch, ob er eine Abtreibung machen lässt oder ob er homosexuell wird.

Durch richtige oder falsche Entscheidungen, durch Gebrauch oder Missbrauch seiner Freiheit kommt er seinem Glück näher – oder er entfernt sich von ihm. Diese Freiheit hat uns Gott geschenkt. Und nur allein darüber definiert sich die Würde des Menschen.

Die Freiheit erlaubt es uns aber auch, ein Leben als Emanzipationskarikatur zu führen. Diese von Frau H. hämisch beschriebenen »Einpeitscherinnen« vorzuführen, ist die Basis des Herman'schen Denkschemas. Sie schreibt: *»Ganz gleich ob sie als kämpferische Emanze, als gesittet erscheinende Nadelstreifen-Managerin oder* *als Veteranin und harmlos-lustige Talkshow-Oma des deutschen Feminismus auftritt, die in Wirklichkeit den gezückten Dolch unter der schwarzen Kutte trägt, stets ist es erschreckend, wie weit verbreitet und konsequent rücksichtslos dieses Verhalten ist.«* (S. 217)

In ihrer Rechtfertigungslehre macht sie »diese Mannweiber« zum Sündenbock für den Teufelskreis des Gebärstreiks. Drum lasse ich es mir nicht nehmen, auch die Spezies Emanze genauer unter meinem wissenschaftlichen Mikroskop zu sezieren.

Emanze ist die spöttische Bezeichnung für eine Frau, die zwar ihre angebliche Befreiung von der Unterdrückung und Bevormundung durch Männer betont, doch alle ihre Aktionen haben etwas Fanatisches und Irrationales an sich: Emanzen machen den Männern genau das nach, was bei denen schon falsch und schwer erträglich, bestenfalls noch witzig ist.

Und wenn typische Emanzen mit Durchsetzungsvermögen schließlich Positionen der Männer in Politik, Wirtschaft und Religion erobern oder wenigstens beeinflussen wollen, merken sie gar nicht, dass sie sich jetzt nur denselben Zwängen und Ängsten aussetzen, wie sie für die Männer schon immer lebensverkürzend waren, und sich damit letztlich genau das aufhalsen, wozu emanzipierte Männer im Grunde keine Lust mehr haben. Bei all ihrer Aktivität gegen Bevormundung und Ausbeutung in aller Welt scheinen sie genau ihre einzige wirkliche Chance zu einer Veränderung der Männerwelt zu verdrängen: Nämlich durch ihre Female Choice, also durch ihre freie weibliche Wahl, könnten sie doch den Männern in jeder Hinsicht völlig gleichberechtigt und sogar gleichgestellt sein.

Es ist schade, dass Emanzen bei ihrer Befreiung immer gleich alles über Bord werfen, aber es ist notwendig, um plakativ aufzuzeigen, worum es letztendlich geht. Ohne Leidenschaft und extremistische Vertreterinnen der Frauenrechte hätten sie nie neues Terrain erobern können.

Alice Schwarzer und ihre Schwestern haben mit der in unserer Kultur verankerten Sklavenmoral mit ihren Ängsten und Zwängen und dem typisch männlichen Besitzdenken aufgeräumt und Impulse gegeben, von denen heutzutage jede einzelne Frau profitiert. Am meisten Eva H. Zu anderen Zeiten wäre die auf dem Scheiterhaufen gelandet.

Zunächst haben die Emanzen der generellen, abwertenden Haltung Frauen gegenüber zwischen Dienstmagd und Dirne den Kampf angesagt.

Geistiger Hintergrund einer solchen Haltung ist ein katastrophales Weiblichkeitsbild, nach dem die Frau im Grunde geistig minderbegabter als der Mann ist. Und dass sie sich daher eigentlich am ehesten für die niederen Arbeiten (also als Dienstmagd) oder als sexuelles Spielzeug (also als Dirne) eignet. Die Frau ist also gut zum Putzen, Kochen, Kindererziehen – und trifft hier genau auf den Kern des Eva-Prinzips! Das ist doch genau die Welt, die Eva gefällt!

Laut Eva H. sollen Frauen sich mit uninteressanten, sich ständig wiederholenden Arbeiten begnügen. Zu den Höhepunkten ihrer Tätigkeiten zählt immerhin Autofahren (wenn der Mann mal zu viel getrunken hat oder um die Kinder zu chauffieren) und Sex (wenn *er* Lust dazu hat). Das ist es doch, was Eva H. mit »im Leben des Mannes segensreich wirken« meint.

Und die Krone der Schöpfung, der Mann, »nimmt« sich für die unterschiedlichen Zwecke und Bedürfnisse manchmal auch verschiedene Frauen, eine als Dienstmagd und zum Kindererziehen für zu Hause, eine als Sekretärin bei der Arbeit, wieder andere als willige Arbeiterinnen, und bisweilen auch noch eine andere (als Dirne) für den Geschlechtsverkehr, den man auch noch als »Liebe« bezeichnet. Natürlich gibt eine solche Einstellung kaum jemand offen zu, da das einerseits denjenigen, den man da gerade missbraucht, verprellen würde, andererseits das eigene Selbstwertgefühl beeinträchtigt. Denn ein solches Macho-Dienstmagd-Dirne-Verhältnis ist für alle Beteiligten völlig unbefriedigend. Die Frauen kommen in ihrem menschlichen Erleben völlig zu kurz, und den Männern fehlen im Grunde auch die Partnerinnen, von denen sie träumen oder wenigstens einmal geträumt haben. Aus diesem Grunde ertragen sie ihren »häuslichen Frieden« nur als Fremdgänger.

Die Köder waren die Rosen, die Geschenke, das, was Eva H. uns als »Verlobungsring im Erdbeersorbet« und »kreatives Werben« aufschwatzt. Von Partnerschaft und Gleichberechtigung kann unter diesen Bedingungen ja wohl keine Rede sein. Unter wirklichen Gefährten kann es nicht geschehen, dass die Arbeitskraft der Frau (»Dienstmagd«) oder die Sexualität (»Dirne«) zu ihrem Hauptzweck werden. Im Umgang mit einem wirklichen Gefährten verhelfen eigene Arbeitskraft (!) und Sexualität zu gemeinsamer Bewältigung und Entspannung und Verschönerung des Lebens. Da sind dann auch die Schönheit, die Stimme, die Anmut und der Reiz der Sexualität prickelnde und atemberaubende Zugabe!

Wenn jemand wie die Nachrichten-Urmutter Eva H.

uns ernsthaft zu Designerkindern rät (siehe ihre Thesen zu den Partnerauswahlkriterien) und überhaupt mit völlig falschen »Fakten« eine schnelle Mark macht, während sie von der Kehrseite ihrer Theorie keine Ahnung hat, sich auf ihre Ahnungslosigkeit auch noch etwas einbildet und schließlich danach handelt – dann ist das ein Fall von Dummheit.

Da ein dummer Mensch zwangsläufig ein fehlerhaftes Realitätsbewusstsein und ein gestörtes Theorie-Praxis-Verhältnis hat, wird er dann auch nur zu oft in seinem Leben derart unsinnige und für ihn nachteilige Dinge tun, dass wir schon fast überhaupt kein Mitleid mehr mit ihm empfinden.

Frau H. lädt mit ihren Thesen der Super-Eva dazu ein, Beziehungen und unser ganzes Leben von vornherein falsch einzufädeln. Sie geht nicht nur mit einem falschen Weiblichkeitsbild, sondern auch mit einem falschen Männlichkeitsbild hausieren. Und das alles mit dem für sie typischen fehlenden Gespür für wirkliche menschliche Erfüllung!

Da der gesamte Schund des Eva-Prinzips ein wertloses Märchenbuch für Erwachsene ist, das nicht mal zur Belustigung dient, erwartet man von der Autorin entsprechende Rechtfertigung und Stellungnahme zu ihren horrenden Parolen. Wie nun soll sie auftreten? Warum, wenn nicht für die Eigensanierung und entsprechendes Honorar, habe sie dieses Buch geschrieben, wird man sie fragen? Natürlich, um uns zu retten! Aus Sorge um ihre Schwestern und aus Sorge ums Vaterland!

Als *Gutmenschen* werden solche Menschen bezeichnet, die sich aktiv für das Gute einsetzen, allerdings mehr im Sinn von Aktionismus, und im Endeffekt gar nichts erreichen oder gar noch Schaden anrichten. Das hat Eva getan. Sie schaut einfach nicht auf das Ende, oder ihr fehlt einfach der rechte Durchblick. Und sie will auch keine anderen Zusammenhänge sehen.

Hauptsache, so ein Buch gibt sich vordergründig »besorgt« und es ist schlicht formuliert. Die Zusammenhänge des größeren Ganzen sind ja soziologisch auch zu kompliziert für sie. Und auf die Idee, dass sie durch ihre Unterlassungen auch schuldig ist, kommt sie nie. Und so fühlt sie sich eben gut dabei und wird vor allem von andern als gut gesehen, allerdings nur von solchen, die ähnlich kurzsichtig sind.

Typische Gutmenschen setzen sich etwa gegen die Kinderarbeit in der Dritten Welt ein und gegen Arbeitsbedingungen, die nicht unserem westlichen Standard entsprechen, und bedenken dabei gar nicht, dass diese Arbeit für viele Menschen die einzige Möglichkeit zu überleben ist und ansonsten die entsprechende Arbeitslosigkeit etwa die kleinen Mädchen in die Prostitution treibt.

In ihrem ganzen Phantom-Prinzip ist Eva H. nie in die tieferen Zusammenhänge von irgendetwas eingedrungen. Deshalb hab ich mir ja die Mühe gemacht, um den Schaden, den die Nachrichtensprecherin angerichtet hat, zu mindern. Und auch um die Emanzipation zu verteidigen. Allein schon Evas vermessener Anspruch, das Kinderkriegen als einzige Lebensperspektive einer Frau, und zwar im göttlichen Auftrag, zu sehen!

Was sagt das Klageweib Eva H. wohl zu all den Frauen, die sich vergeblich ein Kind wünschen? Die gerne Kinder hätten, aber keine bekommen?

Unfruchtbarkeit kann ihre Ursache sowohl beim Mann wie bei der Frau haben. Günstig ist es, wenn eine

Partnerschaft derart geglückt ist, dass die Partner nicht dem fehlenden Nachwuchs nachtrauern, sondern sich sozusagen selbst genügen. Günstig ist es vor allem, wenn es den Partnern gelingt, andere Aufgaben zu sehen und sich dabei zu engagieren. Soll so eine Frau dann auch nicht arbeiten, oder darf sie es in diesem Falle doch? Diese Frauen müssten auf Planet Eva ja mit den suizidalen Alleinerziehenden in einem Boot sitzen.

Und weiß Eva H. wirklich nichts davon, dass selbst Mütter mit fünf Kindern im Seniorenstift zu Weihnachten einsam und alleine bleiben, weil die Kinder in alle Welt verstreut sind, auf Reisen gehen, im Stress ihrer eigenen Berufe in anderen Städten neue Familien gründen? Kinder sind keinerlei Versicherung gegen Einsamkeit im Alter! Und ebenso ignoriert Eva H. den weitverbreiteten Umstand, dass man sich sehr wohl auf Enkel freuen kann und trotzdem keine kriegt. Ich empfinde es als erschreckenden Hochmut, davon auszugehen, dass mein Lebensplan, den ich mir fürs Alter stricke, und in denen ich die Leben meiner Kinder mit verplane, dann auch generalstabsmäßig abgewickelt werden kann. Wie kann Eva H. davon ausgehen, dass so etwas klappt?

Weder ihre drei Ehen noch ihre Produktion zahlreicher Nachkommenschaft, noch ein zurückgezogenes Leben am Herd, als Frau, die den Mund hält, haben ja geklappt. Nichts von dem, was sie empfiehlt, trat bei ihr selbst ein. Nicht mal morgens ohne Stress ein Kind fröhlich am Kindergarten abzuliefern. Wie kommt sie also darauf, dass ihr Altersplan klappt?

Die meisten Großmütter sagen heute: »Kinder, lasst mich mit eurer Brut alleine, ich hab das alles hinter mir und will endlich mal an *mich* denken!« Auch die Rolle der Oma hat sich inzwischen verändert: Die häkelnde Märchenerzählerin mit schlohweißem Haar, Dutt und Nickelbrille, die vom Schaukelstuhl aus die Enkel beaufsichtigt, ist längst der »rüstigen« Reisenden gewichen, die im lila Tigerturnanzug zum Yoga-Training geht und abends ihren Malkurs macht. Auch die heutigen Omis sind inzwischen Kinder der 60er Jahre und haben zwar ihre Regel, aber dafür noch lange nicht ihre Renitenz verloren.

Die Ungleichheit unter rein äußerlich emanzipierten Menschen lässt sich weitergeben, indem man die eigenen Kinder etwa mit allen möglichen Tabus und Ängsten während ihrer ganzen Erziehung manipuliert. Und das ist auf lange Sicht der Grund, warum Frauen erheblich seltener als Männer in Spitzenpositionen gelangen: Bei Frauen ist zwischen IQ und Leistung keine Beziehung! An der Oberfläche scheint das Problem für Männer und Frauen gleichermaßen zu bestehen: Auch wenigen Männern gelingt es, in Spitzenpositionen zu gelangen. Aber im Fall der Frauen sieht die Sache anders aus. Untersuchungen haben übereinstimmend gezeigt, dass der Intelligenzquotient bei Männern in relativ enger Beziehung zu den Leistungen steht; bei Frauen hingegen nicht. Diese schockierende Diskrepanz wurde durch die Stanford-Untersuchung über hochbegabte Kinder enthüllt. Man wählte mehr als 600 Kinder mit einem IQ von über 135 aus kalifornischen Schulen aus und verfolgte ihre Entwicklung bis ins Erwachsenenleben. Die Frauen, deren Kindheits-IQ im gleichen Bereich wie der der Männer gelegen hatte, arbeiteten durchweg in unbedeutenden Stellungen. Zwei Drittel der Frauen mit dem Geniewert von 170 oder mehr waren Hausfrauen oder Büroangestellte!

Aber warum dient ein Phantom-Buch wie das Eva-Prinzip überhaupt als Anstoß zur Diskussion? Kann es sein, dass es mit seinen allgemeinen Vernebelungstheorien sogar dem Markt entspricht? Merkwürdigerweise bringen wir den jungen Menschen durchaus Plausibles und Wesentliches, Rationales und Nützliches bei, wenn es um die Hinführung zu den »Dingen dieser Welt« geht. Oder im Ungang mit hochmoderner Elektronik. Da laden 3-Jährige die Fotos vom Hund auf den Laptop und brennen noch nebenbei die CD davon.

In den Bereichen jedoch, die für ihr seelisches Glück bedeutend sind, vernebeln wir das Denken genau durch das Gegenteil, also etwa durch Wunderglauben, Hollywoodschinken, Kitschserien und TV-Soaps. Blauäugig taumeln die Jugendlichen durch diese Scheinwelten. Und durch mediale Manipulation werden die Erwartungen ans eigene Glück in absonderliche Höhen getrieben.

Aber vielleicht ist in unserem gesellschaftlichen System persönliche Erfüllung auch gar nicht beabsichtigt. Stattdessen sollen lieber Fachidioten mit einer Konsum- und Sklavenmoral herangezogen werden, die etwa unsere Wirtschaft in Gang halten, die aber ansonsten menschliche Krücken sind. Sind wir nicht auch unter den gegebenen, traditionellen Bedingungen zu braven und anständigen, zu arbeitsamen, glücklichen und friedfertigen Menschen geworden – auch was das Seelische betrifft?

Eva ließ sich von der Schlange einreden, dass es gut ist, so klug wie Gott zu sein. Adam machte sich überhaupt keine Gedanken, er aß einfach mit. Er erlag der Verführung. So wie es seither immer wieder mit uns Menschen geschieht, wodurch wir alle Adam und Eva und die Erbsünde verkörpern. Wir sind umzingelt von täglichen Verführungen, die unseren Widerstand brechen und uns zu Mitläufern werden lassen. Wie Adam, der sich keine großen Gedanken machte, worum es überhaupt geht, sondern der einfach mitmachte. Es ist dumm, ein Mitläufer zu sein. Die deutsche Geschichte ist voll mit Beispielen dafür, wie leicht sich Menschen beeinflussen lassen. Und hinterher heißt es immer: »Davon habe ich nichts gewusst!«

Wie die Bibel zeigt, gibt der Mensch seine Verführbarkeit ungern zu. Im Nachhinein sind immer die anderen schuld. Adam schiebt die Schuld auf Eva, diese beschuldigt wiederum die Schlange. Und Eva H. schiebt der ersten Generation ausgebildeter, tüchtiger, gleichberechtigter Frauen den Gebärstreik in die Schuhe. Ganz eindeutig ist Eva H. hier die Schlange!

Letztendlich sind das »egoistische Karriereweib« und die »aufopferungsvolle Mutter/Ehefrau« aus demselben Holz geschnitzt. Sie nehmen sich beide nichts. Ein stabiles, ausbalanciertes Selbst- und Weltbild hat weder das »Karriereweib« noch die »Opfermutti«. In dieser Wechselwirkung liegt auch der Grund dafür, dass viele Frauen mit Mitte 30 von einem Extrem ins andere kippen. Sie tragen vor sich her, dass alles zuvor ein Irrtum war und sie erst jetzt zu ihrer wahren Bestimmung gefunden haben. Genau wie die Phantom-Prinzipien-Verkünderin Eva Herman es getan hat. Argumentierte sie öffentlich nicht immer wieder mit einem beherzten: Gerade *weil* ich gearbeitet habe und das Hamsterrad kenne, weiß ich, dass es ein Irrtum war?

Die Medaille ist bei ihr lediglich von der einen auf die

andere Seite gekippt. Wollen wir unserer Gesellschaft etwas Gutes tun, sollten wir statt Mutterkreuz eine neue Medaille prägen! Denn nur in der Gemeinsamkeit und Kooperation zwischen beiden Geschlechtern liegt der Schlüssel zu einer neuen Wirklichkeit. Man kann die Rechnung für eine gleichberechtigte Zukunft nicht nur von der einen Seite her aufziehen, sondern die Männer müssen in die Verantwortung genommen werden.

Wenn von *Geschlechterkampf* die Rede ist, werden Männer und Frauen nicht als partnerschaftliche Parteien empfunden, sondern als Feinde, die sich gegenseitig unterwerfen und ausbeuten wollen und dies auch schließlich tun. Eva will uns glauben machen, ein solcher Kampf gehöre der Vergangenheit an und mache uns zu den Verliererinnen am Glücksautomaten des Lebens. Doch der Geschlechterkampf ist aktueller denn je, er bestimmt unser eigenes Leben, ob wir wollen oder nicht! Und wenn wir nicht aufpassen, werden wir ganz schnell wieder als Hausrat des Mannes verbucht!

Adam und Eva wurden nicht, wie immer angenommen, aus dem Paradies vertrieben, weil sie eine Frucht vom Baum der Erkenntnis gegessen haben, sondern um daran gehindert zu werden, auch noch eine Frucht vom Baum des Lebens zu essen. Die Bibel hat uns nie ein Happy End versprochen!

Sie warnt uns nur vor einem weiteren Fehler, der weitaus katastrophalere Folgen hätte als der vorherige. Und am Anfang des 21. Jahrhunderts reicht uns die Schlange keine verbotene Frucht, sondern das Eva-Prinzip. Nur wenn wir uns nicht von der Schlange verführen lassen, wird uns der Glücksautomat des Lebens drei Zitronen schenken!

Jeder hat ein Recht auf Dummheit – manche Menschen missbrauchen dieses Privileg. Was hätte aus uns im Sinne des Guten nicht alles werden können, wenn wir von vornherein gar nicht erst zur Dummheit erzogen worden wären? Wären am Ende die Utopien eines Paradieses nicht doch realistisch?

10. Der Nickiismus – 37 Vorschläge für ein glückliches Leben

1. *Lies viele Bücher.*
2. *Lies noch mehr Bücher.*
3. *Habe eine Meinung zu ihnen.*
4. *Und sage die auch laut.*
5. *Sei stolz.*
6. *Und mutig.*
7. *Auch wenn du dich manchmal klein und schwach fühlst.*
8. *Ertrinke nie länger als einen Abend im Selbstmitleid.*
9. *Spiel nicht emanzipiert, sei es.*
10. *Erwarte von keinem Menschen, dass er dich rettet oder deinem Leben einen Sinn gibt.*
11. *Mach, was du dir vorgenommen hast. Und zwar mit voller Kraft.*
12. *Krieg die Kinder, die du kriegen willst. Auch wenn dein Lebensgefährte dagegen ist. Er kann sich die Sache mit 50 noch anders überlegen. Du nicht.*
13. *Lach oft und laut.*
14. *Auch über dich selbst.*
15. *Und über die versauten Fritzchen-Witze, die dein Kind aus der Schule mitbringt.*
16. *Verdien dein eigenes Geld.*

17. *Verdien viel eigenes Geld.*
18. *Entschuldige dich nie bei deinem Arbeitgeber dafür, dass du Mutter bist.*
19. *Entschuldige dich nie bei deinem Kind dafür, dass du arbeitest.*
20. *Sei gut organisiert. Gut organisiert zu sein spart Zeit und macht entspannt. Schlecht organisiert zu sein stresst, macht hektisch und ist überhaupt nicht cool.*
21. *Bleib lässig, auch wenn deine perfekte Organisation dich im Stich lässt. Es gibt Schlimmeres, als einen Termin abzusagen.*
22. *Parke dein Kind auch mal einen Tag bei Oma, wenn du einen wichtigen Abgabetermin hast.*
23. *Verschiebe auch mal einen wichtigen Abgabetermin, um mit deinen Kindern ans Meer zu fahren.*
24. *Vertage dein Leben nicht auf später.*
25. *Verlier das Glück deines Kindes nie aus den Augen.*
26. *Verlier dein Glück nie aus den Augen.*
27. *Verschwende keine Zeit. Nicht mit falschen Männern, nicht mit langweiligen Jobs, nicht mit oberflächlichen Bekannten. An der nächsten Ecke könnte dich ein Bus überfahren.*
28. *Bezahle deine Putzfrau anständig.*
29. *Sage denen, die du liebst, dass du sie liebst. Vielleicht nicht alle drei Minuten, aber alle vier.*
30. *Denke von Männern nicht immer das Schlechteste.*
31. *Denke von Frauen nicht immer das Beste.*
32. *Bereue nichts.*
33. *Auch schlechten Sex nicht. Kann dich emotional alles nur weiterbringen.*
34. *Bringe deinen Söhnen das Kuchenbacken bei.*

35. *Bringe deinen Töchtern bei, wie man eine Bohrmaschine benutzt.*
36. *Und ein Aktiendepot ertragreich führt.*
37. *Lebe deinen Kindern jeden Tag vor, wie man ein freundlicher und fröhlicher Mensch sein kann.*

Dank

Man muss Frau Herman wirklich dankbar sein, denn gäbe es das Eva-Buch und ihre Prinzipien nicht, dann hätte man als Satirikerin diese beiden Knaller erfinden müssen.

So ärgerlich und dumm dein Buch auch ist, liebe Eva, es war mir ein großes Vergnügen, mit dem ganzen Mist aufzuräumen. So gilt mein Dank dir und deiner – im Fußball nennt man das – Steilvorlage: Schneller haben sich Buchseiten noch nie füllen lassen!

Ich denke mal, den Großteil deiner Arbeit am Buch hat Frau Dr. Eichel verrichtet, denn wer so oft wie du in Sendungen sitzt, kann ja weder bei seinem Kind sein noch nebenbei Bücher schreiben – von daher auch mein Dank an die Kollegin.

Ihr habt mit diesem Eva-Buch vernichtende Kommentare sowohl von Alice Schwarzer als auch von Ildiko von Kürthy (»großer Quatsch«) geerntet. Ihr sitzt in einer ganz kleinen Nische. Das sieht man auch an den wenigen Zuschriften, die du bekommen hast, ich meine 6000 E-Mails, das ist doch bei 80 Millionen Bundesbürgern prozentual gar nichts! Je kleiner die Nische, desto flächendeckender aber der verbleibende Rest, und für den habe ich mein Buch geschrieben. In erster Linie danke ich also meinen Leserinnen und Lesern, denn die Mehrheit denkt heute pro-feministisch!

Auch Alice Schwarzer bin ich für ihre Arbeit unendlich dankbar! Und das solltest du, Eva, endlich auch sein, denn ohne Alice hättest du nie in einem deiner sechs Berufe eine Chance bekommen.

Mein aufrichtiger Dank aber gilt meinen wirklichen Autorinnenkolleginnen, jenen, die sich klug und fundiert mit der Rolle von Frauen heute auseinandergesetzt haben. Ihre Bücher waren Balsam für meine Seele, Inspiration und Antrieb zugleich: Thea Dorn (»Die neue F-Klasse«), Anke Dürr und Claudia Voigt (»Die Unmöglichen«), Barbara Bierach (»Oben ohne«) und nicht zuletzt Astrid Herbold (»M. o. M. Mutter ohne Mann«). Diese Bücher möchte ich empfehlen!

Ich danke Andrea Kiewel für ihre kostbare Gesprächszeit und die Bereitschaft, Auskunft zu erteilen. Weiterer Dank gilt Sarah Wiener, deren Mehlspeisen ich seit jeher kenne, koche und liebe. Sarah widme ich meinen Apfelkuchen nach dem Eva-Prinzip! Denn die emanzipierte, alleinerziehende Karriereköchin und ich, wir sind Schwestern im Geiste: Sarah blieb immer am Herd und kam dennoch aus der Küche raus!